이슬람과 유대인

그 끝나지 않은 전쟁

ISLAM and the Jews
Mark A. Gabriel, PH.D.

전 세계 곳곳에 거주하고 있는 모든 유대인들에게 이 책을 바칩니다.

이 기회를 빌려 내 인생의 처음 34년 동안 그들에 대해 가졌던 터무니없는 적개심에 대해 사죄하고 싶습니다.

과거에는 눈이 멀었었지만 이제는 보입니다. 그들에게 용서를 구합니다.

그의 형제를 사랑하는 자는 빛 가운데 거하여 자기 속에 거리낌이 없으나 그의 형제를 미워하는 자는 어둠에 있고 또 어둠에 행하며 갈 곳을 알지 못하나니, 이는 그 어둠이 그의 눈을 멀게 하였음이니라.

– 요한 1서 2:10~11

저자의 한국인 독자들을 위한 헌사

위대하고 놀라운 대한민국 국민들께

본인이 저술한 책 『이슬람과 유대인』이 한국어로 번역 출판되었음을

영광으로 생각하며, 여러분들이 쉽게 읽을 수 있도록 썼으니 이 책을 통해서

유익한 정보를 얻고 격려 받을 수 있기를 기도합니다.

여러분들을 섬기는 마크 A. 가브리엘 박사

To the Great and wonderful people of Korea,

It's my honor to present to you the Korean translation of my book-,

『ISLAM and the JEWS』 and I pray that you will find it easy

to read and a source of learning and encouragements.

You're Servant Mark A. Gabriel, Ph. D

نص بيان الجبهة الاسلامية العالمية لجهاد اليهود والصليبيين

الحمد لله منزل الكتاب ومجري السحاب وهازم الاحزاب والقائل في محكم كتابه «فاذا انسلخ الاشهر الحرم فاقتلوا المشركين حيث وجدتموهم وخذوهم واحصروهم واقعدوا لهم كل مرصد» والصلاة والسلام على نبينا محمد بن عبد الله القائل بعث بالسيف بين يدي الساعة، حتى يعبد الله وحده وجعل رزقي تحت ظل رمحي، وجعل الذل والصغار على من خالف امري.

اما بعد

فمنذ ان نحى الله جزيرة العرب، وخلق فيها صحراءها، وحفها ببحارها ثم تدهمها غاشية كهذه الجحافل الصليبية التي انتشرت فيها كالجراد تزدحم ارضها وتأكل ثمراتها، وتبيد خضراءها، كل ذلك في وقت تداعت فيه على المسلمين الامم، كما تداعت الاكلة الى قصعتها، ويزداد حين عظم الخطب، وقال الناصح ان نطق وبأيكم على مكنون الاحداث التجارية، كما يجب ان نطلق جميعا على فصل اللقاء فيها.

لا احد يجامل اليوم في حقائق ثلاث توثرت عليها الشواهد وطبق عليها المنصفون ونحن نذكرها للتذكر من يتذكر، وليبلغها من هنا عن بينة ويحيا من حيا عن بينة وهي:

اولا، منذ ما يربو من سبع سنين وامريكا تحتل اراضي الاسلام في القدس بقاعها، جزيرة العرب، تنهب خيراتها، وتملى على حكامها وتقتل اهلها، وترعب جيرانها، وتجعل من قواعدها في الجزيرة رأس حربة تقاتل بها شعوب الاسلام المجاورة.

وان كان البعض قد مارى في الماضي من جدلي في حقيقة هذا الاحتلال فقد اطبق على الاعتراف به اهل الجزيرة جميعا.

ولا ادل عليه من اصرار الامريكان في العدوان على شعب العراق، الخلافة في الجزيرة، رغم ان حكامها جميعا يرفضون استخدام ارضهم لذلك، ولكنهم مغلوبون.

ثانيا، رغم الدمار الكبير الذي حل بالشعب العراقي على يدي التحالف الصليبي اليهودي، ورغم العدد الفظيع من القتل الذي جاوز المليون، رغم كل ذلك يحاول الامريكان مرة اخرى معاودة هذه المجازر المروعة، وكأنهم لم يكتفوا بالحصار الطويل بعد الحرب العنيفة ولا بالتمزيق والتقسيم.

فها هم يأتون اليوم ليبيدوا بقية هذا الشعب وليذلوا جيرانه من المسلمين.

ثالثا، واذا كانت اهداف الامريكان من هذه الحروب دينية واقتصادية فانها كذلك تخدم لخدمة دويلة اليهود، وصرف النظر عن احتلالها لبيت المقدس وقتلها للمسلمين.

ولا ادل على ذلك من حرصهم على تدمير العراق اقوى الدول العربية المجاورة، وسعيهم لتمزيق دول المنطقة جميعا كالعراق والسعودية ومصر والسودان الى دويلات ورقية تضمن بفرقتها وضعفها بقاء اسرائيل واستمرار الاحتلال الصليبي الغاشم لارض الجزيرة.

ان كل تلك الجرائم والبوائق من الامريكان اعلان صريح للحرب على الله ورسوله وعلى المسلمين، وقد انعقد اجماع العلماء سلفا وخلفا عبر جميع العصور الاسلامية على ان الجهاد فرض عين اذا هجم العدو بلاد المسلمين، ومن نقل ذلك الاجماع ابن قدامة في «المغني» والامام الكساني في «البدائع» والقرطبي في تفسيره، وشيخ الاسلام في اختياراته، حيث قال: اما قتال الدفع فهو اشد انواع دفع الصائل عن الحرمة والدين وهو اجماعا، فالعدو الصائل الذي يفسد الدين والدنيا لا شيء اوجب بعد الايمان من دفعه.

ونحن بناء على ذلك وامتثالا لأمر الله نفتي جميع المسلمين بالحكم التالي: ان حكم قتل الامريكان وحلفائهم مدنيين وعسكريين فرض عين على كل مسلم امكنه ذلك في اي بلد تيسر فيه، وذلك حتى يتحرر المسجد الاقصى والمسجد الحرام من قبضتهم، وحتى تخرج جيوشهم من كل ارض الاسلام مثلولة الحد كسيرة الجناح عاجزة عن تهديد اي مسلم، امتثالا لقوله تعالى «وقاتلوا المشركين كافة كما يقاتلونكم كافة، وقوله تعالى، وقاتلوهم حتى لا تكون فتنة ويكون الدين لله».

وقوله تعالى «وما لكم لا تقاتلون في سبيل الله والمستضعفين من الرجال والنساء والولدان الذين يقولون ربنا اخرجنا من هذه القرية الظالم اهلها واجعل لنا من لدنك وليا واجعل لنا من لدنك نصيرا».

اننا باذن الله ندعوا كل مسلم يؤمن بالله ويرغب في ثواب الله امتثالا لأمر الله بقتل الامريكان ونهب اموالهم في اي مكان وجدهم فيه، و في اي مكان ذلك، كما ندعو علماء المسلمين وقادتهم وشبابهم وجنودهم في شن الغارة على جنود ابليس، انصار الامريكان، وكل من تحالف معهم من اعوان الشيطان.

وان يبشروا بها ومن من خلفهم لعلهم يذكرون.

وقال الله تعالى «يا ايها الذين آمنوا استجيبوا لله وللرسول اذا دعاكم لما يحييكم».

واعلموا ان الله يحول بين المرء وقلبه وانه اليه تحشرون.

وقوله تعالى: يا ايها الذين آمنوا ما لكم اذا قيل لكم انفروا في سبيل الله اثاقلتم الى الارض، ارضيتم بالحياة الدنيا من الاخرة فما متاع الحياة الدنيا في الاخرة الا قليل.

الا تنفروا يعذبكم عذابا اليما ويستبدل قوما غيركم ولا تضروه شيئا، والله على كل شيء قدير.

وقال الله تعالى: «ولا تهنوا ولا تحزنوا وانتم الاعلون ان كنتم مؤمنين».

이슬람의 유대인에 대한 지하드를 촉구하는 파트와

이슬람에 생소한 독자를 위한 도움말

꾸란은 원래 아랍어로 씌어졌고, 무슬림들은 아랍어로 읽을 때만 꾸란을 제대로 이해할 수 있다고 믿는다. 하지만 구절이 서방인들에게 불쾌한 내용일 때 영어 번역은 가끔 본래의 아라비아어 의미를 정확하게 반영하지 못한다는 사실에 주의해야 한다.

이 책은 아마존 닷컴(www.amazon.com)을 비롯한 여러 인터넷 서점에서 구입할 수 있다. 이 번역본의 특징은 확대역 성경(Amplified Bible)처럼 각(角) 괄호 안에 주석을 첨가하여 이해를 도왔다는 점이다.

꾸란의 몇몇 구절에는 '우리' 또는 '우리의' 라는 표현이 나오는데 이는 알라를 가리키는 것으로 보인다. 하지만 이슬람에서 알라는 유일신이라고 가르치기 때문에 혼돈을 일으킬 소지가 있다. 설명하자면 알라의 위대함과 전지전능함을 나타내기 위한 아랍어의 언어적 장치로서 '우리' 라는 표현을 사용한 것이지 복수의 의미를 띠는 것은 아니다.

마지막으로 이 책에서 꾸란을 참조할 때 수라(Surah)라는 아랍어는 장(chapter)이란 뜻이므로 중복되어 가급적 사용하지 않았다.

이 책은 최대한 아랍어에 가깝도록 일관성있게 표기하는 것이 독자들이 읽을 때 혼돈을 피할 수 있도록 돕는 것이라고 생각해서 용어를 통일하였다.

구약성경에 나오는 인물들은 선지자, 신약성경에 나오는 인물은 사도, 예수그리스도는 메시아로 꾸란에 나오는 무함마드는 예언자·선지자·사도·전언자 중에서 보편적으로 책을 읽을 만한 사람이면 모두 이해할 수 있는 영어 표현인 메신저 무함마드로, 마호메트·무하마드·모하마트·마호멧은 무함마드로, 코란·쿠란은 꾸란으로 그리스도인·크리스찬·크리스천·기독교도는 기독교로 통일하였다.

성경번역은 한글 개역 개정판을 참조했으며 이 책에 인용한 꾸란 구절의 대부분은 무함마드 다키 우드 딘 알 힐랄리(Muhammad Taqi ud Din Al Hilali) 박사와 무함마드 무신 칸(Muhammad Muhsin Khan) 박사의 영어 번역본 『성 꾸란(The Noble Quran)』을 따랐다.

편집자의 생각

    이 책은 이슬람을 그리고 무슬림들이 나쁜 교리를 가진 종교라고 결코 말하지 않는다. '무슬림들과 유대인들이 왜 불화를 일으키는지 어떻게 하면 이 두 민족을 화해시킬 수 있는지 방법'을 찾고자 했으며 저자가 어렸을 때부터 배워왔고 알고 있었던 꾸란과 무함마드에 대한 독자들에 대한 생각을 최대한 돕고자 했다.

    또 '무슬림의 행동으로 이슬람을 판단할 수 없고 기독교인들의 행동으로 기독교를 판단할 수 없다. 다만 그들이 근거로 하는 경전(성경과 꾸란)에 의해 가려져야 하며 '하나가 진실이면 다른 하나는 거짓이다'라고 저자는 역설하고 있다.

> 금지된 달이 지나면 너희가 발견하는 이교도들마다 살해하고 그들을 포로로 잡거나 그들을 포위할 것이며 그들에 대비하여 복병하라.
>
> - 꾸란 9:5, 칼의 구절

> **또 눈은 눈으로 이에는 이로 갚으라 하였다는 것을 너희가 들었으나 나는 너희에게 이르노니 악한 자를 대적하지 말라 누구든지 네 오른편 뺨을 치거든 왼편도 돌려대며** - 마태복음 5:38~39

용어설명

아랍어권(Arabic World)

'아랍어권' 이란 아랍어를 사용하고 있는 중동과 북아프리카의 약 22개국을 의미한다. 그리고 이 국가들의 국민 대다수는 무슬림(이슬람)이다.

아랍인(Arabs)

아브라함의 아들 이스마엘('이스마일' 이라고도 함, 아브라함이 늙도록 자식이 없자 아내 사라의 제안으로 그 몸종 하갈과 동침하여 태어난 아들 – 편집자주)의 자손들. 현대에 '아랍인' 이라는 용어는 아라비아 반도에 거주하면서 아랍어를 사용하는 사람을 의미한다.

이슬라믹(Islamic)

이슬람의 가르침을 신봉하고 그것을 고수하는 신념을 말한다.

이슬람(Islam)

7C초 아라비아의 메신저 무함마드가 완성시켰으며 꾸란과 하디스를 기초로 한 종교

이슬람 세계(Islamic World)

국민 대다수가 이슬람을 믿는 국가들. 전 세계에 약 55개국이 있다.

히즈라(Hijra)

무함마드가 추종자들을 대리고 서기 622년 메디나로 옮겨간 것을 의미. 이 해가 무슬림 력의 원년이다. 현재는 도피라는 뜻으로 오역되어 사용되고 있으며 헤지라라고도 사용하고 있다.

무슬림;(모슬렘)(Muslim)

무슬림을 말하며 알라를 믿는 사람들을 뜻한다.

이슬람의 메신저(Prophet of Islam)

무함마드의 계시가 이슬람의 근간을 이루고 있기 때문에 무함마드를 가리켜 '무슬림의 메신저' 라 했고 이외에도 '메신저 무함마드' 라고도 불렸다. 이는 무슬림이나 중동 사람들이 그를 지칭하는 전형적인 방식이다.

세속적인 이슬람 국가(Secular Muslim Nations)

이라크, 요르단, 이집트, 시리아, 레바논, 팔레스타인 자치정부 등이 이에 해당된다. 이 국가들의 지도층은 무슬림들이지만 오로지 이슬람의 율법에 의해 나라가 통치되는 것은 아니다.

이슬람 원리주의 정부(Fundamentalist Muslim Government)

오로지 이슬람의 교리에 근거한 정부로서 이에 해당되는 현대 국가로는 이란, 수단, 전(前) 아프가니스탄 정부가 있다. 이 정부는 배타적인 이슬람의 교리에 기초를 하고 있는데 이슬람 원리주의 정부라고도 부른다.

꾸란(Quran)

알라의 계시를 무함마드가 전달했다는 내용으로서 그가 죽은뒤 추종자들(무함마드의 몇몇 부인들 포함)이 수집 · 정리해 놓은것.

하디스(Hadith)

무함마드의 언행을 그의 추종자들(이중에는 그의 부인도 몇 명 포함되었음)이 기록한 것을 후에 이슬람 학자들이 수집하여 정리해 놓은 것.

복음서(Gospels, 아랍어로 인질*Injeel*)/ 신약성경)

기독교 신약성경의 마태복음, 마가복음, 누가복음, 요한복음 사복음서를 의미한다. 그런데 무함마드('마호메트' 라고도 함 – 편집자주)의 시대에는 아랍어로 번역된 복음서가 마태복음뿐이었다는 사실을 기억하는게 좋다.

성경의 백성(People of the Book)
꾸란에서 유대인과 기독교인을 언급할 때 사용하는 관용구.

유대교(Judaism)
하나님(여호와)을 신봉하면서 하나님의 선택된 민족임을 자처하며 메시아(구세주)
의 도래를 믿는 유대인의 종교.

기독교(Christianity)
예수 그리스도의 가르침을 중심으로 예수 그리스도를 구세주로 고백하고 믿는
종교, 일부 개신교만을 말하는 이들도 있으나 개신교, 천주교에 한정하는 말은
잘못되었다.

메시아닉유대인(Messianic Jews)
전유대인이라고도 하며 예수 그리스도를 구세주로 받아들인 유대인을 지칭
한다.

메시아닉무슬림(Messianic Muslim)
전무슬림이라고도 하며 기독교로 개종한 무슬림을 지칭한다.

토라(*Torah*)
꾸란에서 '토라' 라 함은 모세가 집필한 유대교 경전, 모세 5경을 일컬음(창세기,
출애굽기, 레위기, 민수기, 신명기).

칼리프(Caliph)
이슬람 국가와 무슬림들을 온전하게 보호하는 민간과 종교상의 최고 지도자를
가리킨다.

샤리아(Sharia)
무슬림이 반드시 지켜야 할 문화적 사회적 규범을 담고 있다. 샤리아 법은 꾸
란과 순나를 해석함으로써 얻어진다.

순나(Sunnah)

밟아 나간 길을 뜻하며 메신저 무함마드에 구체적 언어를 지침으로 삼아 무슬림들이 나가야 할 관습적 실천의 길을 가르킨다.

자카트(Zakat)

의무적으로 내야 하는 구빈세다. 이슬람의 5대 기둥 중 하나.

이맘(Imam)

이슬람의 무슬림들 사이에서 뽑는 지도자를 가리키며 특히 대문자로 표기한 때는 알라가 부여한 정신적 능력을 가진 알리파의 후예를 지칭하는데 이 후예의 신원을 확정하는 문제가 시아파 사이에서 분열의 주요 원인이 되었다

파트와(Fatwa)

자격있는 이슬람 학자 또는 법률가가 내린 공식적인 종교적 판단 또는 구속력 있는 결정을 가르키는 이슬람 율법상의 전문 용어.

지하드(jihad)

성스러운 분투이나 이것이 곧 자동적으로 성전을 의미하지는 않는다. 성년 남자의 무슬림들은 이슬람법에 정해진 바에 따라 의무적으로 참가해야 하며 이슬람의 신앙을 전파하거나 이교도의 투쟁을 이르는 말. 여러 무장 단체들은 서방과 대항하면서 지하드라는 용어를 사용해 왔다. 오사마 빈라덴은 파트와를 내리면서 지하드를 촉구했는데 이때 지하드의 의미는 침략자에 대한 정당한 전쟁이라는 뜻이다.

시아파(Shiah)

시아파는 메신저 무함마드의 혈통만이 이슬람의 지도자(칼리파)가 될 수 있다는 이슬람의 한 종파이다. 무함마드의 사위 알리 이븐 탈립을 추종하고 있다. 카와리즈에 의해 죽은 알리를 순교자로 믿고 추종하며, 알리를 숨어 있는 이맘으로 간주하고 언젠가 다시 돌아올 메신저로 여기고 있다. 소수종파로 여겨지고 있으나, 이란에서는 주류종파이며, 이라크의 약 60%에 해당하는 인구다수가

시아파이다. 시리아에서는 소수 시아파의 지도자 아사드 장군이 다수의 수니파를 지배하고 있다.

수니파(Sunni)

꾸란과 함께 메신저 무함마드의 언행과 관행을 의미하는 순나(Sunnah 관례, 법적 관행)를 따르는 사람들을 말한다

간혹 수니파와 시아파를 정통 이슬람과 이단으로 구분하여 보거나 민족적·종족적 의미를 담아 분리해서 이해하는 경우가 있으나 이는 잘못된 시각이다. 오늘날 전 세계 무슬림 인구의 90%가 수니파이고 나머지 10% 정도가 시아파이다. 시아파의 대부분이 이란과 이라크에 집중 분포되어 있으므로, 이 둘을 민족적·지역적으로 구분할 수는 있으나 이는 현재적 상황일 뿐 영속적이지 않음을 이슬람 역사에서 확인할 수 있다.

과격한 이슬람 무장단체

알 카에다(Al Queda)

오사마 빈 라덴과 빈라덴의 수석 고문인 아부 우바디야 알 반시리가 1988년에 조직했다. 알 카에다는 아프간 전쟁을 위해 수니파 이슬람 원리주의자들을 선발하고 훈련하는 일과 재정지원도 맡았다. 다민족으로 구성된 수니파 무장 단체가 되었고, 범 이슬람 칼리프 연합국을 세우는 것이 목표다. 조직원은 수백 명에서 수천 명에 이르는 것으로 알려졌다.
유대인과 십자군에 저항하는 지하드를 위한 세계 이슬람전선 선언이란 또 다른 이름으로 불리기도 한다.

팔레스타인해방기구(PLO;Palestine Liberation Organisation)

팔레스타인 민족운동이며 모든 팔레스타인 운동의 핵심 조직이다. 이 단체의 목적은 오늘날 이스라엘이 들어서 있는 자리 또는 최소한 점령지역(가자 지구와 웨스트 뱅크)에라도 팔레스타인 독립국가를 수립하는 것이다.

헤즈볼라(Hizbollah)

알라의 당이라는 뜻을 가졌으며 1979년 이란 혁명 이후 레바논에서 결성된 원리주의의 시아파 단체이며 이스라엘과 남레바논군에 대항해 군사 작전을 지휘하기도 하고 사회구조활동을 통해서도 남부 레바논에 대중적 기반을 확립하려고 한다. 이 단체는 자살폭탄 테러에 의해 죽은 순교자의 가족에게 2만 5천 달러를 지원한다.

하마스(Hamas)

설립목적은 이스라엘을 몰아내고 그 자리에 이슬람 팔레스타인 국가를 세우는 것이다. 이스라엘 점령지구에서 PLO의 강력한 라이벌로 등장했다. 야세르 아라파트가 걸프전 이후 국제 외교에서 실패한 것을 틈타 반사 이익을 얻었으며, 점령지역을 해방시키는 유일한 방법은 전쟁밖에 없다고 생각하고 그 외의 다른 협상은 일절 배제한다. 이스라엘과의 협상을 전면적으로 거부하며 자살 폭탄 테러 등 이스라엘 내에서 많은 테러 공격을 했다.

무자헤딘(Mujahedin)

아프간의 반소 지하드 때 적군을 상대로 싸운 무슬림 전사들을 가리키는 말이었다. 오늘날은 중동 지역에서 활약하는 이슬람 게릴라 전사를 지칭하는 용어로 사용한다.

탈레반(Taliban)

2001년 9월 11일 발생한 미국 대폭발 테러 사건의 배후자인 사우디아라비아 출신의 국제 테러리스트 오사마 빈 라덴(Osama bin Laden)과 그의 추종 조직인 알카에다(Al Queda)를 숨겨둔 채 미국에 인도하지 않음으로써 미국과 동맹국들의 반발을 산 끝에 결국 아프가니스탄 전쟁이 일어났다. 같은 해 10월 7일부터 시작된 미군과 영국군의 합동 공격으로 인해 대부분의 공군기지와 지휘본부, 방공망과 방송시설이 파괴되었음에도 여전히 빈 라덴을 인도하지 않고 계속 항쟁 의지를 밝히면서 지하드를 촉구하였다.
그러나 2001년 11월 탈레반 정권이 무너졌는데 탈레반은 파기스탄과 접경지역으로 숨어들어 세력을 다시 키우고 오사마 빈 라덴과 연계하고 있다.

아부니달(Abu Nidal)

이 조직은 하마스, 이슬람지하드와 함께 팔레스타인 3대 과격단체로 불리기도 했으며 한때 서방 정보기관들이 세계에서 가장 위험한 테러리스트 지도자로 아부 니달을 지목하기도 했다. 지난 1986년 발생한 김포공항 테러는 북한으로부터 5백만 달러를 받은 아부 니달의 조직에 의해 저질러진 것이라고 2009년 『월간조선』 3월호가 보도했다. 이 기사에 의하면 아부 니달이 북한의 청부를 받고 김포공항 테러를 자행했다는 충격적인 사실이다. 이런 사실은 스위스 베른신문사의 무라타 기자가 김포공항 폭파사건을 조사한 보고서를 베를린의 '구(舊)동독 정보기관 슈타지(STASI) 자료관리 연방정부 특명센터'에서 찾아냈다. 김포공항 테러직후 독일의 프란츠 대령이 지휘하는 슈타지의 한 부서(22국)가 김포공항 폭파사건에 대해 조사했는데 신문과정에서 북한의 청부를 받고 조직원을 시켜 테러를 저질렀다고 자백했다고 한다. 이 테러는 당시 서울아시안게임 일주일전에 폭발물이 터져 5명이 사망하고 29명이 부상을 입은 충격적인 사건이었으나 정부는 범인을 밝혀내지 못했지만, 서울아시안게임을 방해하고 종국적으로는 88서울올림픽을 저지하기 위해 북한 공작원이 저지른 것으로 추정된다고 발표했었다. 청부거래는 아부 니달과 김일성의 친분 때문에 가능했으며, 그는 오사마 빈 라덴이 등장하기 이전까지 이슬람권에서 가장 잔인한 테러리스트로 널리 알려졌었다.

그 외 과격한 이슬람 무장단체

아부 사야프 / 알 파타 / 알 무하지룬 / 알 무카틸라 / 알 타우히드 / 안사르 알 이슬람 / 이집트 이슬람 지하드 / 콘트라스 / FMLN / ETA / GIA / ELN / 코만도 지하드 / 코소보해방군 / 라스카르 지하드 / 코파수스 그룹 …

Contents

17

Contents

19

프롤로그

 이 책 『이슬람과 유대인, 그 끝나지 않은 전쟁』은 단지 연구를 통해 얻은 결과물이 아니다. 이것은 내 삶이었다. 내 생애의 첫 34년 동안 나는 꾸란의 교리와 이슬람의 메신저 말에 따라 다른 사람들을 대했다. 나는 그 세월 동안 오로지 한 가지 목표 – 이슬람에서 숭배하는 신인 알라를 섬기고 알라의 메신저 무함마드의 말을 따르는 것– 만을 위해 살았다. 나는 이슬람 학자가 되었고 꾸란의 전문(全文)을 암송했으며 이슬람 역사 및 문화를 공부하여 박사학위를 받았다.

 아랍에는 "커가면서 제 아비를 닮는 것은 죄가 아니다."라는 말이 있다. 사람은 자연적으로 자기 아버지를 닮기 마련이다. 그런 것처럼 나 역시 이슬람의 사고방식을 물려받아 유대인들에 대한 극심한 증오심을 가지고 자라났다. 나는 내가 정말 유대인들에 대해 적개심을 가지고 있다는 사실을 주위 사람들에게 심지어 나 자신에게 증명해 보이는 것을 영예롭게 여겼다. 나는 그들에 대해 기회가 있을 때마다 저주하고 묘석에 침을 뱉었다. 나의 이런 태도와 행동은 내가 믿는 바에 충실한 결과였다. 나의 모습은 마치 기독교인들을 저주하고 죽이면서 하나님을 기쁘게 하고 있다고 오해하고 있는 신약성경에 나오는 사울과 흡사했다.

나는 이슬람을 떠나 주 예수 그리스도를 나의 구세주로 받아 들였지만 처음 2년 동안 유대인에 대한 이전의 태도를 바꾸지 못했다. 그러던 중 하나님이 은총을 내리셔서 마치 바울에게 그러셨듯이 그분께서 내 앞에 모습을 드러내셨다.

나의 구세주이신 예수 그리스도는 훌륭한 외과의사 처럼 내 마음에 천상의 수술을 집도하셨다. 그리하여 나는 새로운 마음과 새로운 눈, 새로운 두뇌를 얻은 새 피조물이 되었다. 그제서야 유대인들이 하나님께서 창조하시고 선택하신 사람들로 보이기 시작했다. 하나님께서 이삭에서부터 구세주 예수 그리스도에 이르기까지 선지자(사도)들을 시켜 당신의 말씀을 사람들에게 전달하게 하셨음을 인정하게 되었다.

나는 사람들로 하여금 왜 무슬림들이 유대인들과 불화를 일으키는지 그리고 이 두 민족을 화해시키는 데 필요한 것이 무엇인지 등을 알고 싶어하는 이들을 위해 이 책을 쓰게 되었다.

2001년 9월 11일 사건(알 카에다 테러리스트들에 의해 납치된 여객기가 뉴욕 세계무역센터와 워싱턴 국방부에 자살폭탄 테러를 하여 2,974명이 사망한 사건을 말한다 – 편집자주)이 터진 후 나는 『이슬람과 테러전사들, 뿌리를 찾아서』를 썼다. 이 책은 이슬람의 교리가 테러 행위에 어떤 영향을 주었는지에 대한 사실을 다루었다.

한편 이제 여러분이 읽게 될 이 책은 이슬람 교리에 나타난 유대인의 위치에 초점을 맞춰 씌어졌고, 특히 요즈음 세계가 돌아가는 상황에 비추어 볼 때에도 이 책은 필요하다.

이슬람의 테러행위가 있을 때마다 유대인들과 이스라엘을 지지하는 자들 특히 미국에 대한 증오를 듣게 될 것이다. 다음번 공격이 있을 때 뉴스보도를 유심히 보라. 인터뷰하는 무슬림들은 '이스라엘과 미국에게 책임이 있으며 그들이야말로 진짜 테러리스트라고 주장할

것이다.' 한편 서방인들은 이스라엘 사람들과 팔레스타인 무슬림들
이 '눈에는 눈, 이에는 이'라는 식으로 서로 잔혹하게 싸울 때 경악
과 당혹 속에서 그 모습을 지켜보게 된다.

　사람들은 '아랍의 무슬림들은 왜 이스라엘과 화해하기 위한 방법
을 찾지 못하는 것일까?' 하고 궁금해 한다. 이 책에서 나는 꾸란 구
절을 인용하고 이슬람의 역사에 근거하여 무슬림들이 화해하지 않
는 이유를 설명할 것이다.

언론의 오도(誤導)

　이제부터 여러분이 읽게 될 이 책은 그저 하나의 책에서 베껴 쓴
것이 아니라 여러 해 동안의 학술 연구를 통해 얻은 수많은 다양한
자료를 근거로 하여 씌어졌다. 이슬람에 대한 내 지식은 꾸란과 이슬
람 메신저의 일생, 이슬람의 역사, 내 개인적인 경험 등을 토대로 한
것이다. 나는 알 아즈하르 대학에서 이슬람역사 및 문화를 공부하여
박사학위를 받았다. 내가 제시하는 정보는 서방의 저작물이 제공하
는 정보와 많이 다를 것이다.

　서방의 언론에서 전하는 정보는 실상을 제대로 파악하지 못한 것
으로서 시청자를 오도할 위험이 다분하다. 이슬람에 대한 베스트셀
러 도서이자 고등학교와 대학교에서 교재로도 사용되는 책의 내용
을 살펴보자.[1]

　　무함마드는 유대인들이나 기독교인들이 특별히 원하지 않는
　한 이슬람을 믿으라고 요구하지 않았다. 왜냐하면 그들은 그들

나름의 더할 나위 없이 타당한 계시를 받았기 때문이었다.

　꾸란은 계속해서… 무슬림들에게 성경의 백성들을 존중하라
고 설득한다.[2]

　유대인들은 기독교인들처럼 이슬람제국에서 완전한 종교의
자유를 누렸다.[3]

　이 책은 또한 무함마드의 삶을 다룬 미국의 공영방송인 PBS의 특
집방송에서 자주 인용되었다.[4]

　하지만 나는 여기서 이런 인용의 글들이 옳지 않다는 것을 분명히
밝히는 바이며 이를 증명하는 꾸란 및 하디스의 구절을 이 책에 인용
할 것이다. 서방인들이 이슬람을 '관용(평화)의 종교'로 잘못 설명하
는 것을 보면 정말 놀라울 뿐이다.

무슬림들은 적이 아니다

　무슬림을 나쁘게 보이게 하려는 의도는 없다. 그저 이슬람에 대한
실상(實像)을 제시하려는 것 뿐이다. 사람들은 오늘날 세계정세를 제
대로 파악하기 위해서 이슬람을 이해할 필요가 있다. 사실 이 책의

---

1. 카렌 암스트롱(Karen Armstrong), 『이슬람 소사(Islam A Short History)』(뉴욕, 랜덤하우스,
   2002). 10p
2. 같은 책. 21p
3. 같은 책
4. 마이클 엘리어트(Michael Elliott) 『이슬람 메신저의 의도(Islam's Prophet Motive)』 『Time』 잡
   지(2002년 12월 23일). 76p

내용에 놀라지 않을 유일한 사람들은 헌신적인 무슬림들 뿐이다. 이들은 내가 쓰려는 내용을 정확히 알고 있다.

분명히 말하지만 무슬림들은 내 원수가 아니다. 무슬림들은 나의 가족이고 내가 떠나기 전 내 이웃이자 민족이었다. 나는 그들을 사랑한다. 다만 내가 원하는 것은 그들을 비롯한 다른 사람들이 이슬람에 대한 진실을 볼 수 있도록 돕는 것이다. 나는 자유국가에 살고 있고 자유롭게 사유하고 행동할 수 있는 자유인이다. 나는 이슬람에 대해 의문을 제기할 수 있지만 내가 떠나온 무슬림은 자신의 믿음에 이의를 제기할 수 없다.

나는 서방인들로 하여금 무슬림들을 싫어하거나 두려워하거나 경멸하게 하고 싶지 않다. 그 대신 이슬람의 교리 자체를 증오하기를 바란다.

이 둘 사이의 차이를 구별하는 것이 중요하다. 이슬람은 종교다. 모든 나쁜 태도와 문제를 야기하는 것은 무슬림이다. 무슬림은 이슬람을 믿는 사람이다. 무슬림 역시 이슬람의 피해자다. 전 세계를 통틀어 이슬람 때문에 가장 큰 고통을 겪는 사람들은 바로 무슬림 자신이다. 그들은 평생 알라를 기쁘게 하려고 애쓰지만 정말 그 일에 성공했는지 여부는 알지 못한다. 천국으로 가게 될 거라는 희망으로 알라를 위해 싸우다 목숨을 잃기도 한다. 이슬람 때문에 그들은 다른 사람들은 물론 자기 자신을 용서하지 못한다.

이슬람은 증오하되 무슬림은 사랑하라.

무슬림 친구나 이웃이 있다면 그들에게 친절히 대하라. 아마도 그들은 평화로운 방식으로 살아가고 여러분이나 다른 어느 누구에게도 말썽을 일으키고 싶어 하지 않는 착한 사람들일 것이다. 대부분 그들은 이슬람을 그다지 깊이 이해하지 못하고 있으며 적절한 방식으로 이슬람을 믿는 착한 사람들일 것이다.

그들을 여러분의 적으로 보지 말라. 이슬람에 대한 여러분의 지식을 이용해 그들을 경시하거나 놀리지 말라. 여러분이 할 수 있는 최선의 행동은 그들과 돈독한 우정을 쌓고 그들의 문화를 향유하고 여러분의 믿음을 그들에게 전해줄 기회를 갖는 것이다.

여러분이 누군가와 종교에 관해 논의할 때에는 평정을 잃지 말고 상대를 배려하고 예의를 지켜야 한다. 이것은 민감한 주제이기 때문에 아주 신중하게 다루어야 한다. 모든 사람은 자신의 신앙을 지키고 싶어 한다. 하지만 우리 모두는 한 인류로 묶인 형제자매이며 진실을 추구하고 있다. 우리가 화를 내지않고 차근차근 말하고 귀 기울여 듣는다면 하나님께서 우리를 진리로 인도하실 것이다.

여러분이 읽게 될 내용의 개요

이 책이 어떻게 구성되었는지 개괄적으로 살펴보자.

SECTION 1은 나는 물론 나와 같은 무슬림들이 유대인들을 어떻게 생각하고 있는지에 대해 여러분의 이해를 돕기 위해 내가 살아온 여정(旅程)을 소개했다. 내가 얼마나 획기적으로 변했는지 밝히기 위해서는 과거의 내 사고방식은 유대인들에 대한 적대감이 얼마나 뿌리 깊은 것이었는지 알 필요가 있다. 내 신념의 변화는 이슬람 사회에서 성장한 사람에게는 그야말로 혁명적인 일이었다.

SECTION 2는 이슬람의 근본 원리를 소개했다. 이 부분을 제대로 이해하지 않고서는 이 책의 나머지 부분을 이해하기가 어려울 것이다. 특히 무함마드가 이슬람의 지도자로서 인생중반에 획기적인 변화를 겪었다는 것을 알아야 한다. 이 변화로 인해 꾸란에 모순이 생겼다. 꾸란에는 유대인들에게 너그럽게 대하라는 구절이 있는가 하면 그들을 죽이라고 명령하는 구절도 있다.

SECTION 3은 꾸란의 구절을 직접 인용하면서 무함마드가 유대인들에 대해 우호적이던 시절에 대해 설명할 것이다. 그는 유대인들을 무슬림으로 개종시키려고 애썼다. 부록A에서는 이슬람에서 아브라함과 이스마엘의 역할을 설명한다.

SECTION 4는 유대인에 대한 무함마드의 태도가 어떻게 변화되는지 보여주고 이를 입증하기 위해 꾸란의 구절을 직접 인용했다. 이 시기의 교리는 오늘날 유대인에 대한 이슬람 교리의 근간을 형성한다. 아울러 무함마드가 자신이 살고 있던 지역에서 유대인에게 얼마나 잔혹한 공격을 지휘 했는지도 알게 될 것이다. 이때부터 유대인들을 상대로 한 이슬람의 끝없는 전쟁이 시작되었고 그 전쟁은 오늘날까지 계속되고 있다.

SECTION 5는 무함마드 이후의 이슬람 지도자들이 무함마드를 본보기로 삼아 어떻게 행동했는지 살펴볼 것이다. 특히 유대인이 자신의 신앙을 계속 고수하기 위해 지켜야 했던 요구조건(이를테면 유대인임을 알아보기 쉽게 늘 노란색 옷을 입어야 한다는 등)의 목록을 읽을 수 있을 것이다. 유대인들과 무슬림들 사이의 역사를 간략히 소개하기 위하여 한 장을 할애하여 십자군 전쟁을 다루었다. 내가 이슬람 역사에 대해 설명할 때면 "이슬람의 역사에 유혈 전쟁이 있었음을 압니다. 하지만 기독교 역시 십자군전쟁 중에 잔인한 짓을 하지 않았습니까? 이 둘 사이에는 무슨 차이가 있죠?"라는 질문을 종종 받게 된다. 나는 SECTION 5에서 이 질문에 대한 답을 제시할 것이다.

SECTION 6은 이런 역사가 현대에 어떻게 이어지고 있는지 설명할 것이다. 특히 끝나지 않은 전쟁; 이스라엘과 팔레스타인 사이의 전쟁이 벌어지고 있는 오늘날의 최전선이 만들어지게 된 사고방식을 살펴볼 것이다.

이 책의 마지막 부분은 기독교인들에 관한 것으로 특히 중동에서 이스라엘에 대한 교회의 입장을 살펴볼 것이다. 여러분은 성경에 기초한 유대인들과 화해하는 방법을 알게 될 것이다. 이전에 과격한 지하드 단원(PLO와 헤즈볼라)이었던 두 사람의 감동적인 증언도 함께 실었다. 마지막으로 무슬림들과 유대인들의 중재자들을 위한 기도 지침을 자세히 소개했다.

부디 이 책이 무슬림들과 유대인들이 화해의 길을 찾고 역사적으로 서로에 대해 가졌던 증오심과 적개심을 용서하며 서로 사랑하게 되는데 도움이 되기를 바란다.

SECTION 1

유대인에 대한
나의 새로운 마음

제 1 장

첫 인 상

나는 그때 그 순간을 영영 잊지 못할 것이다. 당시 나는 집 앞 길
가에서 놀고 있었다. 갑자기 하늘에서 굉음이 들려왔다. 이스라엘
공군전투기들이 이집트 상공을 마치 무시무시한 새떼처럼 날아오고
있었다. 종횡무진 날아오는 전투기들이 문자 그대로 하늘을 뒤덮고
있었다.

나는 있는 힘을 다해 집 안으로 달려가기 시작했지만 내가 미처
집에 도착하기도 전에 폭탄이 투하되어 하늘이 노란색으로 변했다.
혼비백산한 나는 엄마나 아빠를 찾을 경황도 없었다. 그저 침대밑에
들어가서 숨어야겠다는 생각밖에 없었다. 나는 어찌나 겁에 질렸던
지 그만 옷에 실례를 하고 말았다. 정말 끔찍한 날이었다.

이스라엘 공군은 내가 살고있는 도시의 교량과 건물에 폭탄을 투
하했다. 이로인해 여러 명이 죽고 수많은 부상자가 나왔다. 15분쯤

지나자 전투기 소리는 사라졌고 거리는 대피하기 위해 달리는 사람들, 가족과 친구를 찾는 사람들, 무슨 일이냐고 묻는 사람들로 어수선했다.

굴욕

6일 후 이스라엘군은 이집트군대를 파괴했다. 수천 명의 이집트인들이 사망했고, 또 수천명이 전쟁포로로 끌려갔다. 이스라엘 군대는 시나이 사막을 점령한 다음 수에즈운하를 건너 이집트의 수도인 카이로를 향해 계속 진군했다. 카이로까지는 불과 40마일(약 64킬로미터)을 남겨놓고 있었다.

카이로 시민들은 이스라엘군이 카이로를 점령하면 무슨 일이 벌어지게 될지 몰라 두려움에 떨고 있었는데 팔레스타인들과 같은 운명에 처해질까봐 두려워했던 것이다.

우리는 피바다의 죽음을 예상하고 있었다. 이스라엘 공군의 출현으로 대부분의 사람들은 몹시 겁을 먹었다. 이집트 공군은 이미 첫날 대패를 당했기 때문에 하늘에는 이집트 전투기라곤 한 대도 뜨지 않았고 이집트의 하늘은 그저 무방비로 노출되어 있었다.

이것이 바로 1967년 6일전쟁(Six-Day War) 당시 내 경험이었다. 나는 그때 겨우 10살이었다.

분노와 두려움

이 전쟁이 발발한 지 사흘인가 나흘째 되던 날 나는 이런 꿈을 꾸었다.

꿈에서 아버지는 자그마한 고기잡이 배를 타고 나일강으로 고기를 잡으러 갔다. 아버지는 커다란 어망을 이용했는데 누름돌을 어망에 매달아 바닥에 고정하고 배와 강기슭 사이에 어망을 펼쳐 놓았다.

당시 이집트에는 유대인들이 없었지만 그때 내 꿈에는 나일강변에 소떼를 몰고 와서 방목하는 유대인들이 등장했다.

그런데 소 한마리가 무리에서 이탈하여 물속으로 들어오는 바람에 아버지가 쳐놓은 어망이 엉망이 되고 말았다.

그 광경을 본 아버지는 소 주인인 그 유대인에게로 가서 "왜 당신의 소가 이런 행동을 하도록 내버려 두는 거요?"라고 말했다. 그들은 말다툼을 하기 시작했다. 다른 유대인들이 아버지와 싸우고 있는 사내를 거들기 위해 다가왔다. 그들 모두는 이내 아버지에게 덤벼들었고 아버지를 때려 눕히고는 나일강가에 버려 두었다.

아버지를 구하러 우리 가족들이 달려오는 것을 본 유대인들은 도망가기 위해 자신들의 소떼들도 버려둔 채 허겁지겁 아버지의 배에 올라탔다.

우리 친척 중의 한 분이 집 근처 들판에 있는 나를 발견하고 "여기서 뭐하고 있니?" 하고 물었다.

"공부하는 중이예요." 하고 내가 대답했다.

"네 아버지가 돌아가셨다. 유대인들이 그를 죽였어."

꿈속에서 나는 재빨리 집으로 달려갔으나 집에는 아무도 없었다. 나는 아버지가 늘 권총을 넣어 두셨던 캐비닛으로 달려갔다. 열쇠가 없었기 때문에 나는 발로 힘껏 차서 캐비닛 문을 열고 얼른 권총을 집어 들고 강으로 달려갔다.

이윽고 강에 도착해보니 아버지의 배에 탄 유대인들이 보였다. 나는 강둑에 서서 그들을 조준했다. 배를 타고 도망가려는 그들을 향해 나는 총을 무차별 발사하기 시작했다. 꿈에서의 느낌은 마치 새를 쏘아 떨어뜨리는 것 같았다. 한명씩 차례로 물속으로 떨어졌다.

그때 내 공포심과 분노가 얼마나 깊었는지 이해할 수 있겠는가? 무엇이 나의 이런 마음을 바꿀 수 있을는지 상상이나 할 수 있겠는가?

6일 전쟁이 마지막 벽돌이 되어 유대인에 대한 내 증오의 장벽이 완성되었다. 이 장벽은 하루 아침에 쉽게 세워진 것이 아니라 아주 어렸을 때부터 꾸란이라 일컫는 경전을 통해 아주 서서히 그 기초가 다져졌던 것이다.

이슬람과 유대인,
그 끝나지 않은 전쟁

내가 어렸을 때 한 주간 가운데 가장 즐겁고 중요한 날은 쉐이크(사람들의 집이나 특별한 행사에 초대되어 꾸란을 암송하는 사람을 일컫는다. 이슬람 지도자에 대한 존칭 – 편집자주)가 우리집을 방문하는 날이었다.

쉐이크는 내가 살던 지역의 무슬림들이 꾸란을 암송하면 악령을 물리치고 알라의 은총을 받아 도둑으로부터 집을 지킬 수 있다고 말했었다.

쉐이크는 일주일에 두 번 우리집에 왔는데 당시 어린아이였던 나는 그분의 검은 안경과 좋은 목소리를 지금까지도 기억한다. 나는 늘 할머니, 어머니와 함께 그분의 암송을 들었으며 할머니는 연세가 아주 많으셔서 걸을 때 다리를 절뚝거리셨고 몹시 쇠약하셨지만 그 쉐이크가 오는 날이면 할머니는 등에 베개를 대고 소파에 편한 자세로 앉아 그분의 말씀을 경청하셨다. 그때 할머니는 마치 선생님의 재미

있는 이야기에 귀 기울이는 어린 소녀와 같았다.

쉐이크의 암송은 보통 한 시간 동안 계속 이어졌다. 암송이 끝나면 어머니는 그가 꾸란을 암송 후에 늘 겪곤 하는 두통을 덜어주기 위해 커피를 대접했다.

커피를 마시면서 그는 메신저 무함마드의 이슬람 창시 초기와 그의 친구들에 대한 이야기 그리고 초기 무슬림들과 우상 숭배자들, 아랍인들, 유대인들, 기독교인들과의 관계를 둘러싼 이야기를 우리에게 들려주었다. 이 이야기들의 대부분은 아라비아 반도의 유대인들과 무함마드의 전쟁에 대한 것이었다.

서방 독자들인 경우 이 장면을 상상하려면 기독교인들과 유대교 어린이들이 여호수아가 여리고 전투를 벌이는 이야기나 다윗 왕이 골리앗을 쓰러뜨리는 이야기와 같은 구약성경 이야기를 듣는 장면을 떠올려 보라. 그러면 이해가 더 쉬울 것이다. 다만 이 둘 사이에 차이점이 있다면 무함마드의 원수는 아직도 우리의 원수로 이어져 왔고 바로 옆 나라 이스라엘에 현존하고 있다는 사실이다.

어머니는 메신저 무함마드가 우상 숭배자들 유대인들 기독교인들에게서 알라의 계시를 지켜냈다는 사실을 무척 자랑스러워하셨다. 하지만 메신저 무함마드가 포로로 잡은 여성들과 아이들을 노예로 부리고 군인들에게 나눠주거나 노예시장에 팔았다는 얘기를 듣고는 몹시 혼란스러워하셨다.

어느날 나는 그 문제에 대해 어머니께 여쭤 보았다. 그러나 어머니는 이렇게 말씀하셨다. "나는 무함마드가 여성들과 아이들에게 좀 더 자비로웠을 거라고 기대하고 있었단다. 물론 그는 자기 자신과 알라의 계시에 해를 입히려는 사람들과 싸워 계시를 지켜낼 권리를 가지고 있었겠지. 하지만 여성과 아이들은 그에게 어떤 해도 입히지 않았는데…." 이처럼 어머니는 아주 다정다감한 분이셨다.

쉐이크는 언제나 유대인들을 사악한 사람들로 묘사했다. 그는 우리에게 이렇게 말했다. "그들은 모든 악의 근원입니다. 신의도 없고 진실하지도 않습니다. 그들은 이슬람과 이슬람의 메신저 무함마드를 증오할 뿐 아니라 무함마드와 초기 무슬림들을 박해했습니다. 그들은 호시탐탐 이슬람의 메신저를 죽이고 그가 신에게서 받은 계시를 파괴할 기회만을 노렸지요."

원숭이와 돼지로 변한 유대인들

쉐이크는 우리 집에 올때마다 우리에게 새로운 이야기를 들려주었다. 하루는 5장부터 암송하였는데 그 중에 내 호기심을 강하게 자극하는 이야기가 있었다. 그것은 60절의 "알라의 저주와 분노를 자초한 몇몇 유대인들의 끔찍한 운명"에 대한 이야기로 "알라께서는 그들을 원숭이와 돼지로 바꿔 버리셨다"라는 대목이 특히 내 호기심을 끌었다.

나는 이 주제에 대해 더 자세히 알고 싶었다. 그래서 쉐이크에게 여쭤보았다. "알라께서 그 유대인들을 원숭이와 돼지로 바꿔 버리셨다는게 사실이예요?" 나는 우리 동네 기독교인들의 우리 안에서 본 돼지를 떠올렸다.

그리고 동물원에서 본 원숭이를 떠올리며 내가 수단 산(産) 바나나와 땅콩을 원숭이에게 주면서 얼마나 기뻐했던가 하는 생각을 했다.

그가 말했다. "그럼, 사실이지. 내가 너한테 방금 읊어준 이야기는 꾸란에 나와 있는 것이란다. 꾸란은 알라께서 우리에게 하신 말씀이고 알라께서는 거짓말을 하는 법이 없으시지. 신의 저주를 받고 원숭이와 돼지로 변한 이 유대인들은 알라께 반항했을 뿐 아니라 알라의 메신저들을 박해하고 살해했어(꾸란 5:70). 그래서 알라께서는 그에 대한 벌로 그들을 원숭이와 돼지로 바꿔 버리신 것이지."

이 이야기는 내가 쉐이크에게서 들은 많은 이야기들 가운데 하나였고 그 이야기들은 내 가슴속에서 유대인들에 대한 증오심을 키우는 씨앗이 되었다. 머지않아 나는 앉아서 꾸란을 듣는데 그치지 않고 그 이상의 일을 하게 되었다.

우리 가족들은 나에게 꾸란 암송을 시키기로 결정했다. 그래서 이 때부터 나는 꾸란을 외우기 시작했다.

꾸란 암송

서방인들은 어린아이가 꾸란을 암송할 수 있다고는 좀처럼 상상하지 못할 것이다. 하지만 중동에서는 흔히 있는 일이다.

나의 성장기때 이집트 어린이들의 삶은 서방 어린이들의 삶과는 많이 달랐다. 나는 어릴 때 영화관에 가 본적이 한 번도 없었다. 어린이를 위한 클럽이나 특별한 모임도 없었고 어린이 책을 빌려주는 도서관도 없었다. 어린이 TV 프로그램이 방영되기 시작한 것도 최근의 일이다. 내가 어릴 때에는 집에 텔레비전 조차 없었다. 그 덕분에 나는 친구들과 신나게 뛰어놀고 가족들과 즐거운 시간을 보낼 수 있었다. 그런데도 꾸란을 암송할 자유시간이 많았다.

어려서 시작한 꾸란 암송

내가 아주 어렸을 때 그러니까 내가 글을 깨우치기 전에 나는 삼촌의 도움을 받으며 꾸란의 짤막한 장들을 외우기 시작했다. 삼촌이 먼저 꾸란의 한 구절을 읽으면 나는 나 혼자서 그 구절을 말할 수 있을 때까지 반복해서 복창했다. 얼마후에 나는 알 아즈하르(Al Azhar) 초등교육기관에 다니게 되었다.

이 학교에서는 학생들 모두 꾸란을 암기하는 데 많은 노력을 기울였는데 이 꾸란의 길이는 얼추 신약성경의 길이만큼 되었다. 우리 학급의 인원은 45명 정도였다. 여섯살 때부터 열두살 때까지 나는 하루에 두 페이지쯤 되는 분량을 매일 암기해야 했다. 매일 학교에서 그 전날 암기한 내용을 선생님 앞에서 암송했다.

새로운 절을 외워오지 못한 학생은 매를 맞았다. 매를 맞을 때에는 의자에 앉아 신발과 양말을 벗어야 했다. 그러면 보조 교사들 중 한 명이 학생의 발목에 벨트를 감아 풀어지지 않도록 단단히 동여맨 다음 학생의 몸과 다리가 수직이 될 때까지 발목을 들어올렸다. 그러면 교사가 갓 꺾어온 싱싱하고 튼실한 야자수 잎줄기로 학생의 발바닥을 때렸다. 이 매는 정말 아팠다. 그래서 우리는 매를 맞지 않으려고 갖은 노력을 다했다.

매를 맞지 않기 위해서도 열심히 꾸란을 암송했지만 나에게는 궁정적인 동기도 있었다. 나는 가족들을 기쁘게 해주고 싶은 마음에 더욱 열심히 꾸란을 외웠다. 우리 가족들은 내가 꾸란을 암송하는 것을 무척 자랑스러워 했다.

새벽 공부

새벽에 아버지와 삼촌이 새벽기도를 드리러 모스크에 갈 때에는 나도 함께 따라 나섰다. 새벽기도는 3:30~4:30까지 이어졌다. 기도가 끝나면 아버지와 삼촌은 일터로 나가기 전에 두 시간 가량 더 잠을 자기 위해 보통 집으로 갔지만 나는 모스크에 남아 꾸란을 암기하곤 했다. 이틀동안 외운 내용을 스스로 테스트한 다음 새로운 절을 외우기 시작했다. 암기가 제대로 되었다는 확신이 들어야만 다음 절로 넘어갔다. 나는 절의 첫째 행을 읽은 다음 꾸란을 덮고는 모스크의 한쪽 구석에서 다른 쪽 구석까지 걸으며 그 행을 반복하여 읊었다. 첫째 행의 암기가 끝나면 다시 꾸란을 펴고 둘째 행을 읽었다. 이런 식으로 해서 절을 모두 외울 때까지 계속했다.

나는 전에 암기한 내용을 잊지 않기 위해 주의를 기울였기 때문에 한 달에 2~3일은 복습을 했다. 몇 달 전에 암기했던 내용에 대해서도 척척 대답할 수 있었다. 연말에는 그 해에 암기한 모든 내용을 테스트하는 구두시험을 치렀다. 시험은 선생님 두 분이 번갈아 질문을 하는 형식으로 치러졌는데 몇 장을 암기해보라거나 어느 구절을 제시한 다음 그 구절이 포함된 수라(장)의 명칭을 묻고는 그 구절에 이어지는 부분을 암송하게 했다.

내 초등학교 시절은 이런 식으로 계속 반복된 생활의 연속이었다. 나보다 먼저 꾸란을 암기한 사촌형이 자극제가 되었다. 사촌형은 치과 의술을 공부하러 대학에 들어간 후에도 꾸란 암송을 그만두지 않았다. 나는 열두살에 꾸란 암기를 끝낸 후 내가 암기한 내용을 이해하려고 꾸란에 대한 해설을 공부하기 시작했다.

꾸란에 의거한 삶

나의 꾸란 공부와 세상사는 완벽하게 조화를 이루며 진전되었다. 꾸란은 유대인들의 위험에 대한 교리와 유대인들이 이슬람의 메신저 무함마드를 얼마나 못살게 굴었는지를 나타내는 이야기로 가득하다(이에 대한 내용은 이 책의 SECTION 2~4에 더욱 상세히 나와 있다).

지금부터라도 우리는 무슬림으로서 무함마드를 본보기로 삼아 우리의 영토와 우리의 신앙을 지켜야 할 때라고 느꼈다.

제 3 장

실종된 나의 형

내가 열살쯤 되었을 무렵 이집트는 이스라엘과의 전쟁을 준비하고 있었다. 나세르 대통령은 대대적인 선전 캠페인을 벌였다. 언론은 우리나라(이집트)와의 접경지대에서 이스라엘이 가하는 위협에 대해 귀가 따갑도록 방송했다. 학교에서는 역사적으로 유대인들은 우리의 원수였고 팔레스타인 무슬림들에게서 터전을 빼앗은 사람들이라고 가르쳤다. 그리고 우리의 영토에서 이 암세포를 제거해 내는 것은 우리의 의무라고 했다.

무더운 여름날이면 사람들은 옥외로 나와 앉아 견과류를 먹거나 차를 마시며 이스라엘에 대해 이야기했다. 사람들이 가장 좋아하는 주제는 1948년과 1956년에 발발했던 이스라엘과의 전쟁이었다. 그들은 이슬람과 유대인 사이의 역사를 곱씹으며 유대인들이 어떻게 무함마드를 죽이려 했는지 유대인들이 무슬림들을 얼마나 싫어하는지 무슬림들은 절대로 이들을 받아들여서는 안 된다는 등의 이야기를 했다.

나는 팔레스타인 주민들이 부락을 점령하고 있는 이스라엘에 대해 상세한 이야기를 자주 들었다. 그 마을을 포위한 이스라엘군대는 집 안에 있는 팔레스타인이 아무도 도망가지 못하게 문을 전부 잠그고는 집을 폭파한다고 했다. 그리고 이스라엘 군인들은 임신한 여자의 배를 갈라 아기를 죽인 다음 임산부도 죽인다고 했다.

지금은 이런 이야기들이 날조된 것임을 알게 되었지만 그때는 우리 모두 이런 이야기들을 사실로 받아들였다.

첫 번째 악몽

주위에서 보고 들은것을 내면화한 나는 이스라엘 국방장관이자 사령관인 모세 다얀(Moshe Dayan)이 등장하는 꿈을 꾸기 시작했다. 당시의 나는 유대인을 직접 만나본 적이 한 번도 없었지만 신문에 난 이 사람의 사진을 본적이 있었다. 그는 언제나 한쪽 눈에 검은 안대를 하고 있었다. 나뿐만 아니라 많은 어린아이들은 모세 다얀이 험상궂은 얼굴의 애꾸눈 남자로 등장하는 악몽을 꾸었을 것이다.

그러니까 6일 전쟁이 일어나기 두세 달 전 무렵의 어느 날 나는 낮잠을 자다 악몽을 꾸었다.

꿈속에서 나는 우리동네의 친목 단체들중 어느 단체가 모임을 갖는 모습을 보았다. 사람들이 잔디밭에 앉아 커피나 차를 마시며 담소를 나누거나 게임을 하고 있었다. 나는 입구를 통해 문 안으로 들어갔다. 집 안에는 사람이 아무도 없었다. 그런데 모세 다얀의 모습이 눈에 띄었다. 그는 조그만 바위 위에 앉아 있었고 그 바로 앞에는 이 집트인의 시체가 놓여 있었다.

푸줏간에서 쓰는 칼을 손에 쥔 모세 다얀은 그 시체를 토막 내고 있었다. 꿈속에서 나는 너무 놀라 뒤로 나자빠졌다. 아는 이웃의 부축을 받아 일어선 나는 있는 힘껏 달려 도망가기 시작했다. 그 순간 나는 잠에서 깨어났고 내가 집에 있다는 사실을 깨달았다. 그런데 커 다란 칼을 들고 꿈에 등장했던 모세 다얀이 마치 우리 집에 있는 것 처럼 느껴졌다. 꿈에서 그가 시체를 토막낸 것처럼 나를 토막 내려고 벼르고 있는 것 같았다.

나는 소리를 지르며 거리로 뛰쳐 나갔고 울면서 달리기 시작했다. 주위의 사람들이 전혀 눈에 들어오지 않았고 관개수로가 있는 곳을 향해 계속 달렸다. 모세 다얀이 바로 내 뒤에서 쫓아오고 있다는 느 낌이 들었기 때문에 나는 물속으로 뛰어들려고 했다.

아버지와 형들이 나를 따라잡기 위해 달려오고 있었다. 내가 제일 좋아하는 형이 간신히 수로 기슭에서 나를 붙들고 다리를 걸어 바닥 에 넘어뜨렸다. 그들은 나를 집으로 데려왔고 집에 돌아온 나는 엄마 옆에 앉았다. 그러자 아버지와 형들 삼촌과 이웃들이 나와 엄마 주위 를 에워쌌다.

형이 말했다. "무슨 일이 있었니? 무슨 일이 있었던 거야?" 그래 서 나는 그들에게 꿈 얘기를 해주었고 그들은 그 이야기를 듣고 굉장 히 놀랐다. 아버지께서 말씀하셨다. "집에는 모세 다얀이 없단다. 집 에는 아무도 없으니까 걱정 말거라."

그들은 내가 악령에게 시달리고 있다고 걱정했다. 그래서 삼촌이 내게 꾸란의 마지막 장을 읊어주셨다.

그로부터 2~3주 후 내가 제일 좋아하는 형을 포함한 네 명의 형 모두 집을 떠나게 되었다. 시나이 사막에 집결해 이스라엘을 공격할 준비 중인 이집트군에 동참하기 위해서였다. 형들이 한 명씩 집을 떠나 기차를 탈 때마다 나는 형의 짐들 중 하나를 들고는 형과 함께 기차역까지 걸어가서 기차가 올 때까지 함께 기다려 주었다.

나는 이스라엘이 우리나라와 형들에게 어떤 짓을 할지 무척 걱정이 되었다. 머지않아 내 두려움은 더 이상 꿈에만 머무르지 않고 현실로 나타나기 시작했다.

이스라엘이 먼저 쳐들어왔다. 이스라엘군 전투기가 날아와서 우리에게 폭탄을 투하했다. 곧 이집트의 패배가 자명해졌고 우리 가족들은 늘 군에 간 네 형들에 대한 걱정을 했다. 두 달쯤 후에 세 명의 형은 집으로 돌아왔지만 내가 제일 좋아하는 형(내가 수로에 뛰어드는 것을 제지했던 형)한테서는 소식이 없었다. 이집트군 명단에는 '작전수행 중 실종'이라고 기록되어 있다고 했다. 아무런 소식없이 8개월이 흘러갔다.

그동안 나는 매일 밤 잠자리에서 울었다. 어머니는 눈물이 마를 정도로 많이 우셨고 음식을 만들 때도 식사를 할때도 장소를 가리지 않고 늘 눈물을 흘리셨다. 심지어는 눈물없이 우실 때도 있으셨다. 이따금 우리는 어머니가 혹시 미쳐가고 있는 것은 아닌지 무척 걱정이 되었다.

내 주위에서 실제로 일어나고 있는 일들이 꾸란에 씌어 있는 모든 내용을 입증해 주었다. 우리 가족들은 늘 이렇게 말했다. "알라는 거짓 말을 하지 않으시지. 우리와 유대인들은 최후의 심판 날이 될 때까지 평화롭게 지내지 못할 거라고 알라께서 꾸란을 통해 말씀 하셨단다."

나는 형이 몹시 그리웠다. 내가 네 살 때 형은 나를 나일강에 데리고 가서 수영하는 법을 가르쳐 주었었다. 나는 형이 생각날 때마다 나일강에 가서 그저 망연히 앉아 우리가 수영할 때[1] 형이 옷을 놓아 두던 강둑을 응시하곤 했다.

꿈에 형이 나타나기도 했다. 꿈에서 형은 나한테 다가와 이렇게 말했다. "여기서 뭐하고 있는 거니?"

나는 "공부하고 있어."라고 대답했다.

그러자 형이 이렇게 말했다. "공부는 이제까지 한 걸로 충분하다. 군대에 입대하거라! 우리가 지키지 않으면 누가 우리나라와 우리 종교를 지켜 주겠니?"

작은 승리

어느 날 어머니는 우리 집으로 오고 있는 우편집배원을 우연히 만났다. 집배원 아저씨는 "전해드릴 편지가 있어요."라고 말하고 편지를 어머니께 건네주었다.

어머니는 글을 읽을 줄 몰랐기 때문에 "누구에게서 온 편지예요?"

---

1. 나일강은 상류의 커다란 댐 때문에 악어가 없었다.

이슬람과 유대인,
그 끝나지 않은 전쟁

하고 물었다.

"정부에서 보낸 편지네요."라고 집배원 아저씨가 대답했다. 어머니는 걱정이 되었다. 하지만 어머니는 세금을 더 많이 내야한다는 내용의 고지서 일거라고만 생각했지 형에 대한 편지일 거라고는 전혀 생각을 못했다.

어머니는 편지를 블라우스 안에 집어넣고 집으로 돌아 왔지만 집에는 편지를 읽어줄 사람이 아무도 없었기 때문에 편지를 침실의 배게 밑에 넣어 두었다. 형들과 나는 학교에 가 있었고 아버지는 일터에 나가 있었다. 누나가 집에 있긴 했지만 누나 역시 교육을 받지 못했기 때문에 글을 읽지 못했다.

정오무렵 어머니는 길 건너편에 있는 삼촌을 발견하고 편지를 보여주었다. 삼촌은 편지를 펼쳐 재빨리 읽고는 이렇게 말했다. "이것은 정부가 보낸 서한인데요, 조카가 살아 있답니다!" 삼촌은 "오, 알라이시여, 감사합니다! 그 녀석이 살아 있다니 얼마나 고마운 일입니까?"

숙모와 누나, 이웃 아주머니들이 어머니 곁으로 다가와 축하해 주었다. 그들은 엄마와 함께 우리집으로 와서 이집트 음악을 틀어놓고 덩실덩실 기쁨의 춤을 추었다.

귀가한 남자들은 그들 나름대로 축하 행사를 벌였다. 아버지는 소총을 들고 나가 집 앞에 서서 하늘을 향해 축포를 쏘아댔다. 맏형도 권총으로 축포를 쏘았다. 삼촌도 지붕 위에서 축포를 쏘고 있었다.[2]

이웃들은 우리집에 무슨 일이 일어났는지 알아보기 위해 모여 들었다. 그들은 무슨 큰 싸움이 났거나 큰 경사가 났을 거라고 생각했다. 아버지는 모두를 위해 푸짐한 식사를 준비하셨고 우리 모두는 샤르밧(sharbat: 달콤한 무알코올 펀치 – 편집자주)을 마셨다. 여러날 동안 사람들은 우리집에 들러 축하해 주었다.

형이 소속된 부대는 시나이 사막에서 이스라엘에 항복하여 포로로 잡혀 갔었다. 처음에는 포로들에게 연락을 허용하지 않았지만 6개월이 지나자 편지 발송을 허가했고 그로부터 2개월 후 우리는 이집트 정부로부터 형이 살아 있다는 소식을 듣게 된 것이었다.

형이 살아 있다는 편지를 받은지 두 달 후 형은 멋진 군복을 입고 말끔하게 면도한 모습으로 집에 돌아왔다. 가족을 다시 만난 형은 굉장히 행복한 표정을 지었다.

내 최대의 적

열 살 무렵의 나는 삶을 통해 무엇을 배웠는가? 나는 유대인들이 내 최대의 적이라고 확신하고 있었다. 그들은 우리의 메신저를 죽이려 했고 내 형을 전쟁포로로 만들었으며 그들의 전투기는 우리 도시에 폭탄을 투하했다. 나는 이 세상의 모든 문제들이 유대인들에 의한 것이라고 생각했다. 그래서 나는 조금이라도 유대인과 연관된 것은 무엇이든 증오했다.

---

2. 중동에서는 축하할 일이 있을 때 축포를 쏘는 관습이 있었는데, 안타깝게도 미군은 이런 사실을 모르고 있었던 것 같다. 2002년 아프가니스탄에서 미군이 뜻하지 않게 결혼파티를 공격한 슬픈 사건을 기억하는가.

제 4 장

적개심을 드러내다

나는 자라면서 유대인에 대한 내 생각은 변화가 없었고 오히려 점점 더 확고해져 갔다. 다만 성인이 되면서 바뀐게 있다면 내 생각하는 바를 겉으로 표현할 수 있게 되었다는 점이다. 여기서 잠시 유대인에 대한 내 태도가 어떤 것인지를 보여주는 몇 가지 경험담을 살펴보도록 하자.

유대인 공동묘지

학사 학위를 받은 후 나는 1년 동안 병역의무를 수행해야 했다. 나는 미사일 기지에 배속되었고 작전 지령실이 있는 지하 벙커에서 일했다. 아이러니하게도 내가 맡은 일은 적군 전투기 특히 이스라엘 전투기를 감시하는 것이었다. 이외에도 나는 기지내 모스크에서 병사들을 인솔하여 기도회를 집전했다. 여기에는 150명 정도가 참석했다. 군인으로 복역하는 동안 휴가를 받아 집으로 갈 때면 카이로 남부의 바사틴 구역까지 버스를 타고 가야 했다.

우리 마을까지 가는 지하철이나 버스를 타려면 거기서 조금 걸어야 했는데 그 길에 유대인 공동묘지가 있었다. 거기에는 1~2백년 전의 유대인들이 묻혀 있었고 나는 자주 이 공동묘지를 가로질러 걸으며 묘비를 바라보곤 했다. 유대교의 상징인 다윗의 별이나 히브리어가 새겨진 묘비가 눈에 띄면 나는 침을 뱉거나 오줌을 싸거나 온갖 저주를 퍼부어 대곤 했다. "세상에서 가장 악독한 사람들! 당신들은 악질 중에 악질이야. 이 이집트 땅에 당신들이 더 이상 존재하지 않아서 정말 다행이야."

이슬람의 교리에 의하면 죽은 사람은 심판의 날까지 무덤에 머무른다고 한다. 무슬림들에게 무덤은 평화와 안식의 장소다. 하지만 사악한 사람에게는 무덤이 고통스런 징벌의 장소가 된다. 그래서 나는 묘지를 걸을 때 그곳의 모든 유대인들이 무덤안에서 불에 타는 모습을 상상하곤 했다. 불길 속에서 그들이 도와달라고 울부짖는 모습이 보이는 듯했다.

우리의 원수인 유대인들처럼 사악한 사람들은 무덤에서 벌을 받는다고 꾸란에 씌어 있고 무함마드도 그렇게 말했기 때문에 나는 안심이 되었고 흡족했다. 메신저 무함마드나 꾸란이 거짓말을 하리라는 것은 상상도 하지 못할 일이기 때문에 나는 유대인이 그들의 무덤에서 불에 타고 있음을 백 퍼센트 확신했다. 유대인 무덤으로 가득한 그 공동묘지에서 나는 마치 내가 불길이 일렁이는 호수 위를 걷고 있

이슬람과 유대인,
그 끝나지 않은 전쟁

는것처럼 느꼈다.

유대인들은 심판의 날까지 알라와 알라를 믿는 사람들에게서 저주를 받을 것이라고(꾸란 2:159) 씌어 있었기 때문에 나는 그 공동묘지를 방문하여 유대인들을 저주하는 것이 내 의무라고 생각했다. 내 딴에는 내 역할을 다하고 있었던 것이다. 나는 모스크에서 설교할 때 여러차례 이 이야기를 했다. 그리고 사람들에게 이렇게 주문하기도 했다. "여러분도 그 공동묘지 부근에 가게 되면 꼭 들러서 원숭이와 돼지의 자손들을 저주하십시오. 그러면 알라께서 기뻐하실 것입니다."

유대인 구역

군복무를 마친 후 나는 알 아즈하르 대학에서 석·박사 과정을 시작했다. 당시 부모님 댁에 거주하고 있었던 나는 카이로 광장까지 버스를 타고 간 다음 광장에서 학교까지는 걸어갔는데 특히 이 길은 주택과 가게가 늘어선 아름다운 동네 사이로 나 있었기 때문에 내 마음에 들었다. 내가 그 길을 지나던 당시에는 그 동네 주택에 무슬림들이 살고 있었지만 원래 그 동네는 유대인들이 이스라엘이라는 새로운 나라를 세워서 이주하기 전까지는 그들이 거주하는 구역이었다.

한때나마 유대인들이 거주했던 집들이었기 때문에 나는 그 주택들을 향해 침을 뱉고 욕설을 해댔다. 또 나는 이렇게 말하곤 했다. "유대인들이 떠나게 하신 알라를 찬양합니다. 유대인들을 이 땅에서 몰아내신 무함마드를 찬양합니다." 나는 매일 이런 행동을 하며 알 아즈하르 대학까지 걸어다녔다.

설교 자료

학생시절 나는 카이로 외곽에 있는 모스크에서 잠시 예배를 집전하는 이맘(Imam; 기독교의 목사, 유대교의 랍비에 해당하는 이슬람 지도자 - 편집자주)으로 봉사했었다. 금요일 기도식이 끝난 후에 나는 설교를 했다.

이따금 내 설교는 처음부터 끝까지 유대인에 대한 것으로 채워지곤 했었다. 모스크에 모인 사람들도 이런 설교를 아주 좋아했다. 꾸란에서 유대인에 관한 절을 인용할 때마다 나는 이렇게 말하곤 했다. "원숭이와 돼지의 자손들이자 이 세상에서 가장 사악한 사람들, 너희들은 알라의 처벌을 피해 달아날 수 있을 것 같은가?" 그러면 사람들은 이렇게 외치곤 했다. "알라 오 아크바! 알라 오 아크바!(Allah o akbar! Allah o akbar!, 알라는 위대하다! 알라는 위대하다!)"

나는 유대인을 경멸하는 내용이 담긴 꾸란 62:5을 즐겨 인용했다.

계율을 준수하고 율법을 실천하는 등 토라에 적혀 있는 의무를 이행해야 하는 책임이 있으면서도 그 의무를 이행하지 않는 자들은 수많은 책을 짊어지고 다니면서도 책 내용은 전혀 이해하지 못하는 당나귀와도 같다.

이에 덧붙여 나는 사람들에게 이렇게 설명했다.

유대인들은 가장 영향력있는 책인 토라를 받았고, 그것을 이행해야 할 책임이 있었지만 알라께서 후에 발견하시길 그들은 마치 책을 싣고 다니면서도 그 내용을 이해하지 못하고 그것을 유용하게 사용할 줄도 모르는 당나귀와 비슷하다고 하셨습니다. 그들은 어리석은 동물에 불과합니다.

나는 유대인들을 가혹하게 대했던 무함마드의 행동을 찬양했다.

나는 이렇게 설교했다.

　유대인들은 무함마드를 이전에 그들에게 보내진 다른 선지자(사도)들과 다른 게 없다고 생각했습니다. 이들은 무함마드를 거부하고 박해하고 죽였습니다. 하지만 무함마드는 이전의 선지자(사도)들과 완전히 달랐습니다. 무함마드는 마지막 메신저였습니다. 그분은 유대인들을 다루고 훈육하는 법을 알고 있었고 이전의 어떤 선지자(사도)에게서도 받을 수 없었던 교훈을 그들에게 주었습니다.

이제 와서 그때 내가 말했던 내용을 돌이켜보면 내 입에서 그런 말이 나왔다는 사실이 송구스러울 따름이다. 당시 나는 참 어리석었다. 그때는 아무것도 볼 수 없었지만 지금은 보인다.

좀처럼 사라지지 않는 태도

심지어 내가 기독교인이 된 후에도 유대인에 대한 나의 이런 태도는 좀처럼 변하지 않았다. 거리에서 유대인을 지나칠라치면 내 눈에 그들은 마치 더럽고 하잘것없는 존재처럼 보였다.

나는 기독교인이 되어 이집트를 떠나 남아프리카공화국의 요하네스버그로 이주한 후 그러니까 1996년 봄 어느 날 처음으로 유대인을 직접 대면하게 되었다. 나는 요하네스버그에 있는 제일국립은행의 현금인출기에서 돈을 찾으려고 줄을 서 있었다. 내 뒷사람은 머리에 야르물케(yarmulke : 유대교인 남자가 기도할 때 쓰는 작은 테없는 동그란 모자 – 편집자주)를 쓴 유대인 남자였다. 나는 예전의 무슬림적인 태도로 인해 유대인이 내 뒤에 있다는 것만으로도 몹시 불편했다. 나는 어쩌다 그와 몸이라도 닿지 않을까 몸을 사리며 최대한 그와 간격을 두려고 했다. 나는 그때도 여전히 유대인들은 더럽고 불결하다고 여기고 있었다. 나는 그와 마주치지 않으려고 얼굴을 다른 쪽으로 돌린 채 계속 움직였다. 드디어 내 차례가 되었지만 나는 영어를 잘 몰랐기 때문에 문제가 생겼다. 그래서 도움을 청하러 계단을 올라 은행 안으로 들어갔다. 은행직원 중 한 명이 "제가 가서 도와 드리지요."하고 말했다.

은행직원과 함께 현금인출기로 돌아와 보니 그 유대인이 막 인출기를 사용하기 시작하려던 참이었다. 그때까지도 무슬림적인 사고 방식에서 벗어나지 못하고 있던 나는 거만한 태도로 말했다. "잠깐만요. 우리가 사용할 겁니다. 당신은 내 뒤에 서 있었잖아요."

그 유대인 남자는 뭐라고 대답하려 했지만 나는 그의 말을 가로막고 아주 험악하게 말했다. "당신은 쓰레기에 불과해, 알겠어? 그러니까 입 좀 닥치시지…." 정말이지 나는 그에게 아주 무례했다. 그런 행동을 지금와서 되돌아 보니 내가 어떻게 행동했는지 말하는 것만으로도 얼굴이 화끈거린다.

그는 눈을 휘둥그렇게 뜨고 나를 쳐다봤다. 내가 미쳤다고 생각하는 것 같았다. 내가 말했다. "보시오. 나는 이집트인이오. 이집트 출신이죠. 당신은 유대인이오. 그러니까 '우리 관계를' 잘 알겠지."

그 줄에는 다른 사람들도 서 있었는데 그들은 나를 노려보기만 했다. '대체 이 자는 어디서 온 작자야?' 하고 생각하는 듯했다. 그 유대인 남자는 내가 그를 그렇게 대했다는 사실에 충격을 받았다. 그는 분명 '이 우둔한 사내는 대체 누구야?' 하고 생각하고 있었을 것이다.

그 줄의 다른 사람들이 물었다. "여보세요, 대체 무슨 이유로 이런 식으로 행동하는 거요? 당신은 인출기를 사용하다가 자리를 뜨지 않았습니까. 이 은행이 당신 혼자 사용하는 곳은 아니잖아요. 이 은행은 여기 있는 모든 사람을 위한 곳입니다."

은행직원도 내게 이렇게 말했다. "저 분(그 유대인 남자)이 끝날 때까지 기다립시다."

하지만 그 유대인 남자는 뒤로 물러서며 이렇게 말했다. "먼저 하시죠." 그는 은행원을 쳐다보며 말했다. "저 분을 도와주십시오." 이 남자는 나를 가엾게 여겼고 그저 내가 거래를 끝내고 가버리기를 바랬던 것 같다.

죄책감

당시 나는 이미 기독교인이 되었기 때문에 기독교를 내게 소개해 주고 후원해주는 기독교인 친구(멘토) 부부에게 가서 이 일을 얘기했다. 그 친구는 레바논인이었고 이스라엘군은 레바논에 침입한 적이 있었기 때문에 나는 내가 유대인 남자에게 한 행동을 그에게 말하면 그가 기뻐할 거라고 생각했다. 아울러 나는 그가 은행에 있던 다른 사람들이 그 유대인 남자의 편을 들었던 이유를 설명해 주기를 바랐다.

여전히 나는 성경과 꾸란의 내용을 혼동했다. 꾸란에는 유대인들이 메시아를 죽인 자들이라고 나와 있다. 성경에도 유대인들이 예수를 죽였다고 나와 있다. 나는 유대인들이 저지른 실수에도 불구하고 하나님께서 그들을 선택받은 백성으로 삼으셨다는 사실을 인정하지 못했다. 내 친구부부는 은행에서의 내 행동에 무척 놀랐고 화를 내며 말했다. "네가 이집트에 있을 때 아랍인들이 너의 정신과 삶을 오염시켰어. 그 사람들에겐 다른 사람에 대한 동정심이 전혀 없어."

그 친구가 내게 그렇게 말하자 나는 심한 죄책감이 들었다. 그의 부인은 내게 새로운 삶의 방식을 보여주었다. 그녀는 성경의 요한복음 3:16을 읽어보라고 권하며 이렇게 말했다. "예수님은 유대인들, 무슬림들, 힌두교인들 할 것 없이 모든 이들을 위해 오셨습니다. 당신이 정말 진정한 기독교인이라면 모두를 사랑해야 합니다." 이것은 내게는 완전히 새로운 생각이었다.

그녀는 에베소서의 또 다른 구절도 읽어주었다.

너희는 유혹의 욕심을 따라 썩어져 가는 구습을 쫓는 옛 사람을 벗어 버리고 오직 너희의 심령이 새롭게 되어 하나님을 따라 의와 진리의 거룩함으로 지으심을 받은 새 사람을 입으라. - 에베소서 4:22~24

그녀는 "이 구절을 읽고 기도하세요. 그리고 하나님께서 당신에게 무엇을 보여 주시는지 보세요."라고 말했다.

다음날 아침 나는 그녀에게 "이 성경 구절은 내게 죄가 있다는 것을 알려주었습니다."라고 말했다. 내 죄를 깨닫는 일은 이렇게 시작되었지만 이는 단지 시작에 불과했고 아직도 가야 할 길이 많이 남아 있었다. 내 죄를 깨닫기 위해서는 뭔가가 더 필요했다. 나의 내면을 바꾸기 위해서는 나 자신보다 더 위대한 권능이 필요했던 것이다.

제 5 장

내 마음의 변화

　남아프리카공화국 케이프타운의 기독교인 훈련센터에 있을 때 나는 결정적 순간에 부딪쳤다. 짧게 말해서 사람들은 금방이라도 나를 쫓아 낼 기세였다.

　나는 3개월 동안 예수전도단(YWAM : Youth With A Mission) 예수 제자훈련학교(Discipleship Training School)에 체류하기로 되어 있었다. 나는 다른 학생들과 함께 성경공부와 기도 그리고 잡일을 하며 사이좋게 지내야 했다. 하지만 나는 툭하면 말다툼을 벌였고 일을 거부했으며 구내식당에서 제공하는 돼지고기에는 손도 대지 않았고(꾸란은 무슬림들이 돼지고기 먹는 것을 금함 – 편집자주) 강사가 말하는 도중에 나가버리기 일쑤였다.

　그리고 그곳에는 미국인 여성이 한 명 있었는데 나는 그녀에게 말을 하지 않았다. 미국이 이스라엘을 지원하고 있기 때문에 미국인은 당연히 유대인과 같은 취급을 받아야 한다는 게 내 견해였다.

하지만 내 행동은 좀처럼 좋아지지 않았다. 어느날 아침 마침내 본부 대표자가 나에게 행동을 바꾸지 않으려면 짐을 꾸리라고 말했다. 정말 참담했다.

나는 나의 내면에 자리잡고 있는 옛 사람들의 사고방식과 습관을 극복해야 한다는 것을 알고 있었다. 하지만 나는 그 방법을 알지 못했다. 내 의지력은 너무 약했다. 날마다 나는 본부에서 두세 블록 떨어진 거리에 있는 해변에 갔다. 나는 바닷가를 거닐며 나의 사고방식과 성격, 그리고 다른 사람을 대하는 태도를 바꾸게 해달라고 하나님께 큰 소리로 울부짖었다. 그럴 때면 하나님의 임재하심이 느껴져서 마음이 온화해지곤 했다. 나는 하나님 한 분만이 도와줄 수 있음을 알았다. 어떤 사람도 그 일을 도와줄 수 없었다.

내가 방에서 혼자 울다가 불현듯 해변에 가서 기도를 해야겠다는 생각이 들었다. 해변을 걸으며 기도하다가 백사장에 누워서 울고 또 울었다. 그러다 잠깐 잠이 들었는데 이런 꿈을 꾸었다.

바다위에서 나를 향해 걸어오는 사람이 보였다. 그는 광채가 나는 흰색 로브(robe : 길고 헐거운 옷 – 편집자주)를 입고 있었고 얼굴은 황금빛으로 빛났다. 그의 주위가 온통 빛으로 찬란했다. 그의 목에는 유대인들이 기도할 때 두르는 숄이 둘러져 있었다.

그는 맨발이었고 발걸음을 뗄 때마다 철벅철벅하는 소리가 났다. 그는 해변에 있는 내게로 와서 내 뒤에 앉았다. 그는 양손을 내 어깨에 얹은 다음 내 왼쪽 귀에 대고 이렇게 말했다. "이제 모든 일이 잘 될 겁니다. 나는 당신이 변하고 싶어 하지만 그게 마음먹은 대로 되지 않아서 늘 울고 있었다는 것을 알고 있습니다. 우선 겸손해지십시오. 다른 사람을 심판하지 마십시오. 학교에서 제공하는 음식은 뭐든 가리지 말고 드십시오. 그리고 나한테 충실하십시오. 아울러 모든 사람들에게 친절하십시오."

그런다음 그는 내 얼굴에서 눈물을 닦아주고 오른팔로 나를 감싸 안았다. 그리고 내 머리에 살며시 손을 얹고는 아이에게 하듯 애정이 듬뿍 담긴 손길로 내 머리를 쓰다듬었다. 그리고나서 가버렸다.

바로 그 순간 파도가 세차게 쳐서 허리까지 흠뻑 적시는 바람에 나는 잠에서 깨었다. 바다 쪽을 한참이나 쳐다보았지만 아무도 보이지 않았다.

이것은 나에게 주는 분명한 메시지였다. 하나님이 내 마음과 머리를 어루만져 주셨다. 나는 나의 변화를 느꼈다. 보이지 않는 힘에 의해 내 고통과 분노가 사라지는 것을 느꼈다. 내 마음과 기억 그리고 머리가 깨끗이 씻겨진 듯했다.

너무 기뻐서 한달음에 달려 캠프로 돌아왔다. 가장 먼저 그 미국 여성을 찾아갔다. 그녀는 무릎 위에 성경책을 펴놓고 자기방 침대에 앉아 있었다. 얼굴을 쳐다보니 그녀가 울고 있었음을 알 수 있었다.

나를 본 그녀는 성경책을 옆으로 치우고 일어섰다. 그리고 이렇게 말했다.

"오늘 하나님께서 당신이 구원되었다고 제게 말씀해 주시더군요. 나는 이번달 내내 당신을 위해 기도했답니다. 하나님께 당신을 도와 달라고 간구 드렸어요."

내가 그녀에게 말했다. "이전에 당신께 무례하게 굴었던 일들을 용서 하십시오. 오늘 나는 해변에서 하나님을 만났습니다. 그분이 내 마음을 변화시켰습니다."

다음 테스트는 점심식사였다. 소시지 요리 냄새를 맡자 속이 메스 꺼워졌다. 하지만 나는 "만약 돼지고기를 먹지 않는다면 하나님의 아들이 아니야."라고 되뇌이며 마음을 다잡았다. 그리고 나는 그 일을 해냈다. 식당안은 내가 돼지고기를 먹는 모습을 본 사람들이 술렁거리는 소리로 온통 소란스러워졌다.

구하면 얻을 것이다

이 경험은 기독교인으로서의 내 삶에 전환점이 되었다. 하나님을 기쁘게 하기 위한 힘을 얻기 위해 모든 사람이 꿈을 꿔야 할 필요는 없다. 하지만 내게는 그 꿈이 필요했고 그래서 예수께서 나를 위해 그렇게 하신 것이다.

예수께서 말씀하셨다.

"볼지어다 내가 문 밖에 서서 두드리노니 누구든지 내 음성을 듣고 문을 열면 내가 그에게로 들어가 그와 더불어 먹고 그는 나와 더불어 먹으리라." - 요한계시록 3:20

이 구절은 기독교인들을 염두에 두고 씌어졌다. 이 말씀은 내게 예수님은 어느 누구의 삶에 강제로 개입하지 않으신다는 뜻으로 받아들여졌다. 하지만 그를 안으로 들어오게 하면 그는 그를 들어오게 한 그 사람과 함께 할 것이다.

그때 나는 늘 예수를 초대했고, 진리를 찾고 있었으며 그를 간절히 구하고 있었다. 그래서 그가 내게 응답했던 것이다.

"너희가 온몸으로 나를 구하면 나를 찾을 것이요 나를 만나리라."

- 예레미야 29:13, 잠언 8:17, 마태복음 7:8

유대인 성경공부 모임에 초대되다

그날 이후 내가 완전한 사람이 된 것은 아니었지만 새로운 도전을 한층 더 성숙된 방식으로 대처할 수 있게 되었다. 나는 변화되었고 내 주위 사람들 모두 그 사실을 알아차렸다. 나는 예수전도단 프로그램을 무사히 마쳤다.

예수전도단 훈련과정을 끝낸 학생들은 두 달간 선교 사역에 참여해야 한다. 예수전도단은 나를 케이프타운의 무슬림 공동체에서 일하고 있는 선교사 부부와 함께 두 달동안 선교 사역을 하도록 배정했다. 그들은 무슬림들과 친하게 지냈고 많은 시간을 그들과 대화하며 보냈다.

그들은 자주 무슬림 가족을 집으로 초대하여 함께 식사하기도 하고 아이들이 자신의 풀장에서 수영하게 했다. 이렇게 하여 선교사 부인은 그녀의 집에서 무슬림 여성과 대화를 나눌 수 있었고 계속 대화할 기회를 만들 수 있었다.

어느 날 이 선교사는 그가 '전(前) 유대인(ex-Jewish)' 여성이라고 지칭한 사람이 리더로 있는 성경공부 모임에 함께 가자고 했다. 기독교로 개종한 무슬림을 보는 일이 그들에게 힘이 될 거라고 나의 친구는 말했다. 유대인 가정을 방문하는 것은 내 생애에 처음 있는 일이었다. 나는 유대인과 악수를 해본 적도 개인적인 친분을 가져본 적도 결코 없었다. 그렇지만 유대인에 대한 진실을 알아낼 수 있는 기회였기 때문에 진심으로 가고 싶었다. 동시에 두려움도 들었다.

모든 유대인들은 무슬림적인 출신배경 때문에 나를 싫어할 거라는 생각이 들었기 때문이었다. 기도회에 참석한 사람들이 나에게 무례하게 굴거나 아랍인들에 대해 모욕적인 말을 할지도 모른다고 생각했다. 일단 나는 가는데는 동의했지만 만일 사람들이 내게 무례하게 굴면 내 친구에게 '미안하지만 난 그만 가봐야겠어.' 라고 말해 버리리라 결심했다. 나는 이런 일이 발생하지 않기를 바랬다. 내 친구를 무안하게 하고 싶지는 않으니까.

'전유대인'[1]이라는 말을 들은 것도 이번이 처음이었다. 남아프리카에 와서 처음으로 '전 무슬림'이란 말을 듣게 되었고 그 의미가 기독교로 개종한 무슬림이라는 뜻임을 알게 되었다. 하지만 나는 유대인이 기독교로 개종하는 일은 상상할 수 없었기 때문에 '전 유대인'이 무엇을 의미하는지 이해할 수 없었다. 그것은 내가 만난 또 하나의 새로운 발상법이었다.

---

1. 나는 예수 그리스도를 구세주로 받아들인 유대인을 지칭할 때 전유대인이라는 용어보다는 메시아닉 유대인(Messianic Jews)이라는 용어가 더 적합하다고 생각한다. 내가 전(前) 무슬림(ex-Muslim)이기는 하지만 전(前) 이집트인(ex-Egyptian)이 아닌 것처럼, 그들이 기독교를 믿는다고 해서 유대 사람이 아닌게 되는 것이 아니므로 전 유대인이라는 용어는 맞지 않다.

그들이 보여준 친절

우리가 그 성경공부 모임에 도착했을 때 내 눈에 가장 먼저 들어온 것은 깔끔한 그 집의 실내 모습이었다. 실내장식이 아주 잘되어 있었고 무척 깨끗했다.

나를 데리고 간 선교사 친구는 이 성경공부 모임의 리더이자 유대인 여성인 엘리자베스에게 미리 내 이야기를 해두었던 것 같았다. 그가 나를 소개하자 그녀는 친근하게 나를 포옹했다. 나는 충격을 받았다. 유대인에게 소개된 것은 내 생애 처음이었다. 지금껏 살아오는 동안 나는 유대인과의 어떠한 접촉도 피해왔다. 사실 나는 유대인들을 인간 이하의 존재로 간주했다. 그런 내가 가족과 인사할 때처럼 유대인과 포옹을 나누고 있다니 믿겨지지 않았다.

나는 그녀가 보여준 친절에 충격을 받았다. 그다음 내 친구는 나를 기도회에 온 다른 유대인들에게 소개했다. 그들은 이미 기독교를 받아들였고 아주 친절했다. 그리고 아직 기독교를 받아들이지 않은 또다른 유대인 가족에게 나를 소개할 때 주의를 기울였다. 그리고 이 두 부류의 유대인들을 비교해 보고 싶었다.

이 유대인 가족은 나를 반갑게 맞아 주었을 뿐아니라 무척 친절히 대해주었다. 어떠한 증오나 멸시의 기미는 찾아볼 수 없었다. 그들은 인간이었고 좋은 사람들이었다. 이는 꾸란이 내 두뇌에 각인시킨 유대인에 대한 이미지와는 상반되는 것이었다.

하나님은 정말 나를 흔들어대고 있었다. 내 머리에서 화산이 폭발하고 있는 것처럼 느껴졌다. 성령이 내 안에서 그동안의 내 죄를 깨닫게 하고 있었다.

나는 그 모임내내 조용히 있었다. 그저 가만히 앉아 그 사람들이 나에게 어떻게 대하는지 관찰하기만 했다.

기도회가 끝날 무렵 나는 엘리자베스에게 말했다. "예수님의 기적이 오늘밤 여기서 일어났습니다. 그분은 자신의 보혈을 통해 당신들과 나를 형제자매로 맺어 주었습니다. 세상의 어떤 다른 권능도 유대인과 무슬림을 화해시킬 수 없을 것입니다."

그녀는 나를 다시 포용했고 모두 기뻐하며 박수를 쳤다.

내 선교사 친구들도 무척 흥분했다. 하지만 그들은 이런 경험들이 내 인생에 얼마나 의미있는 사건이었는지는 알지 못했을 것이다. 그 순간 하나님의 권능이 내 삶 속에 있음을 가장 훌륭한 방식으로 증명하셨던 것이다.

하나님은 내 마음 안에 다른 사람에 대한 증오심이 들어올 여지가 없도록 내 마음을 성령으로 가득 채우셨다. 그때까지도 나는 유대인에 대해 화를 내고 있었거나 불안해 하고 있었던 것 같다. 그러나 그이후로는 더 이상 그들을 증오하지 않았다.

그의 형제를 사랑하는 자는 빛 가운데 거하여 자기 속에 거리낌이 없으나 그의 형제를 미워하는 자는 어둠에 있고 또 어둠에 행하며 갈 곳을 알지 못하나니 이는 그 어둠이 그의 눈을 멀게 하였음이라.

- 요한1서 2:10-11

이슬람과 유대인,
그 끝나지 않은 전쟁

그날밤 나는 내 친구들에게 "우리 어머니와 누이들도 이 사람들을 만날 수 있다면 좋을텐데. 그러면 유대인들에 대한 진실을 알 수 있을텐데."하고 말했다.

유대인에 대한 나의 새로운 마음

나는 여러 차례 엘리자베스 집에서 열리는 기도회에 참석했다. 그녀도 내 친구인 선교사의 집을 찾아왔다. 그런 가운데 나는 꾸란에 씌여있는 유대인들에 대한 내용이 거짓이었다는 사실을 내 눈으로 직접 확인했으며 그토록 많은 장점을 지닌 사람들에 대해 거짓으로 알려준것에 대해 화가 치밀었다.

하지만 나는 이 선교사 부부와 함께 하는 두달간의 봉사를 마치지 못했다. 문제는 책이었다. 나는 내 종교적 체험을 입증하는 글을 쓴 다음 기독교인 친구 한 명과 그것을 열심히 영어로 번역했다.

드디어 그 책이 발행되었고, 그 책을 본 무슬림 공동체는 미친 듯이 화를 냈다. 무슬림들은 나를 찾아 케이프타운을 샅샅이 뒤졌다. 그들은 몹시 공격적이었다. 한번은 나를 칼로 찌르려 했고 그 사건이 있고 난 후 예수전도단은 나에게 그 지역을 떠날 것을 권면했다.

나는 비행기를 타고 천2백 킬로미터쯤 되는 거리를 날아 요하네스버그로 다시 돌아왔다. 내가 예수전도단에 있을 때 나를 후원해주었던 친구들과 다시 만나게 되어서 기뻤다.

그들은 내가 케이프타운에서 위험한 상황에 처하게 되고 다치기까지 한 것에 대해 무척 걱정했지만 새로워진 내 마음을 알아보고는 흐뭇해하기도 했다.

그들은 나에게 메시아닉 유대인들(예수 그리스도를 자신의 구세주로 받아들인 유대인들- 편집자주) 모임에 나가서 간증을 해 줄 것을 부탁했다. 나는 기꺼이 그 부탁에 응했다. 거기서 나는 내 친구들의 절친한 친구이자 쇼핑몰에서 커다란 가구매장을 소유하고 있는 유대인을 소개받았다.

나는 이 유대인 남자와 그의 아내, 그의 누이와 곧 친해졌고 그들과 즐거운 시간을 보냈다. 내 친구 부부와 나는 가끔 그의 가족과 만나 함께 식사를 하곤 했다. 그들도 우리를 자신의 집으로 초대하곤 했다. 그때마다 그들은 늘 다른 메시아닉 유대인들도 함께 초대했다.

나는 그들과 친교를 맺으며 주님께서 메시아닉 유대인들과 내가 의기투합할 수 있게 해주심을 느꼈다. 그 유대인 가족은 유대인은 물론 *무슬림*들에게도 이런 경험을 알려주고 싶어 했다.

그들과 내친구 부부는 무슬림들이 금요일 기도 예배를 드리고 모스크를 나올 때를 기다려 내가 쓴 책을 나누어주었다. 그들은 시장에 갈 때에도 무슬림들을 찾아 내어 책을 나누어 주었다.

그들은 책 앞표지에 "질문이 있으면 전화하세요"라는 메모와 함께 전화번호를 적은 종이를 붙여 두었다. 전화가 걸려오면 내 친구들은 무슬림을 방문하여 그들과 예수님에 대한 이야기를 나누었다.

아울러 그들에게 실질적인 도움도 제공했다. 최근에 코모로제도에서 이민 온 무슬림들이 있었는데 그들에겐 겨울에 덮을 담요가 없었다.

내 친구들은 방 안 가득 담요를 사들인 다음 그것을 그들에게 나뉘주었다.

　나도 무슬림을 상담하는 일을 거들었다. 몹시 까다롭고 냉정한 코모로 이주민 한 명이 기억난다. 그는 어렸을 때 꾸란 내용 대부분을 암기한 사람이었다. 결국 그는 하나님의 감화를 받았고 예수님을 받아들였다. 그리고나서 그는 자기 동족의 선교에 발벗고 나섰다.

　이런 경험들은 내게 무슬림 개종자들과 메시아닉 유대인들이 협동하여 그들의 동족들에게 예수님을 알리는 모습을 보고 싶다는 강한 욕구를 불러 일으켰다. 과거의 무슬림이었던 사람이 메시아닉 유대인 모임에서 연설하는 일은 오직 예수를 통해서만이 가능한 것이다. 아울러 메시아닉 유대인들이 모스크에 가서 무슬림들을 설득하는 일도 오직 예수를 통해서만 가능한 것이다.

　예수님이 이들을 화해하게 하는 열쇠인 것이다. 그분은 우리 인간에게 하나님과는 물론 서로 화해하는 방법을 보여주기 위해 이 땅에 오셨다.

　내 책을 읽은 어느 유대인 남자의 편지에 적힌 글귀가 마음에 들었다. 그 편지에는 이렇게 적혀 있었다.

　　친애하는 마크씨께.
　　하나님께서 당신의 삶에 행하신 일에 대해 하나님께 감사드립니다. 아울러 진리를 지키기 위해 노력하는 당신께도 감사드립니다. 제가 예수를 믿기 시작했을 때 당신처럼 목숨에 위협을 받은 일은 없었다하더라도 저 역시 경멸과 소외를 경험했습니다. 저는 유대인 가정에서 자랐거든요.

유대인들과 무슬림들, 두 민족 다 하나님을 알아야 합니다. 그분은 진정한 평화를 이루고 우리가 서로를 진심으로 사랑하게 하는 유일한 통로가 될 것입니다. 저는 예수를 믿는 아랍인들과 유대인들이 더욱 힘을 내어 그 일이 가능하다는 것을 전 세계에 보여주기를 바랍니다.

주안에서 맺어진 당신의 친구가
미시간에서 G. H.

하나님의 권능

내 경험담을 들은 당신은 하나님의 권능이 작용하고 있음을 알았을 것이다. 그리고 무슬림들이 유대인들의 대한 증오의 아성을 어떻게 구축하게 되었는지 조금이나마 이해하게 되었을 것이다. 이제부터 나는 이러한 태도의 근본 원인을 이슬람의 교리를 중심으로 파헤쳐 보고자 한다.

다음 장부터 당신은 무슬림 학자의 관점에서 본 이슬람의 교리를 살펴볼 기회를 가질 것이다. 또한 TV같은 대중 매체로 인한 혼돈을 말끔히 제거해 주고 오늘날 무슬림들의 행동을 이해하는 기초를 제공해줄 것이다.

SECTION 2

꾸란에는 유대인이
어떻게 묘사되어 있는가

서방인들은 거짓말에 이력이 나 있다.

참으로 슬픈 일이지 않은가? 서방인들은 광고, 세일즈맨, 재계 지도자들, 정치인, 기자 등이 하는 말을 곧이곧대로 믿지 않는다. '듣는 사람이 알아서 주의를 기울여 들어야 하는' 세계인 것이다. 그들은 누군가 거짓말을 하고 있다고 확신하면서도 그게 누군지는 알지 못하는 것이다.

일부에서는 이슬람을 두고 평화와 관용의 종교라고 하는가 하면 또 다른 측에서는 폭력과 강권을 토대로 한 종교라 하는데 어떻게 이런 상반된 주장이 나오게 되었을까? 양측 모두 꾸란을 인용한다. 이 질문에 대해 스스로 답할 수 있도록 SECTION 2에서는 이슬람 신학의 기초를 살펴보도록 하자. 이슬람에 대한 기본적인 사실에서 출발하여 좀 더 구체적인 사항으로 나아갈 것이다.

꾸란(Quran)과 하디스(Hadith)

　이슬람은 메신저 무함마드가 천사 가브리엘을 통해 전해 받은 계시를 토대로 성립된 종교라고 일컬어진다. 이 계시를 적어놓은 것이 바로 꾸란이며 꾸란은 알라의 말들로 간주된다. 꾸란은 1인칭 - "나는 이렇게 선언한다." 또는 "나는 그렇게 한다." 로 서술되어 있다. 꾸란에서 '나' 란 알라를 의미한다. 다시 말해 꾸란은 이슬람의 가장 권위 있는 책인 것이다.

　이슬람은 꾸란 외에도 무함마드의 언행이 담긴 하디스에 근거한다. 무함마드의 추종자와 부인들은 무함마드가 말하고 행동한 것을 늘 기록해 두었다. 나중에 이슬람 학자들이 이 기록을 수집하고 자료의 신빙성을 검토하여 책으로 정리했는데 이 기록을 '하디스' 라고 부른다. 이슬람에서 권위를 인정받는 것으로 6권이 있는데, 이중에 부카리(Al Bukhari)가 편찬한 책이 가장 신뢰할 만하다.

　꾸란에서 알라는 무슬림들에게 무함마드의 말에 따를것을 명령하고 있기 때문에 무슬림들은 하디스의 교리에 복종한다. 무함마드의 권위가 어떻게 확립되었는지를 나타내는 재미있는 예화 하나가 꾸란에 수록되어 있다. 이 예화에는 무슬림과 유대인이 등장하고 언쟁과 살인사건이 개입되어 있다.

　무함마드가 메디나를 다스리고 있을 때 사람들은 말다툼을 벌이다 해결이 나지 않으면 무함마드에게 가서 판결을 구하곤 했다. 어느 날 무슬림 남자와 유대인 남자 사이에 언쟁이 붙었고 이 문제를 판결해줄 누군가가 필요했다. 유대인 남자가 말했다. "메신저 무함마드에게 가서 판결을 내려달라고 합시다."

무슬림 남자는 이 제안을 거부하며 우마르 이븐 알 카탑(Umar ibn al khattab : 유대인을 싫어하기로 유명했던 무함마드의 군대 지휘자들 중 한명- 편집자 주)에게 가서 판결을 구하자고 했다. 유대인이 이에 동의하자 그들은 우마르의 집으로 갔다. 그런데 우마르는 "나한테 오지 말고 메신저 무함마드에게 가시오."라고 말했다. 그러자 무슬림 남자가 말했다. "싫습니다, 당신이 판결해 주십시오."

그러자 우마르가 "잠깐만 기다리시오."라고 말한 뒤 자신의 집 안으로 들어가더니 칼을 갖고 나왔다. 그는 그 칼로 무슬림 남자의 목을 베어 죽였다. 이 소식을 들은 사람들은 매우 슬퍼했는데 그 이유는 무슬림들은 다른 무슬림을 죽여서는 안되기 때문이었다. 그렇다면 우마르는 어떻게 되었을까?

무함마드도 슬퍼했다. 우마르는 가장 충성스런 그의 부하였기 때문이었다. 그때 무함마드는 또 하나의 계시를 받았다. 그는 사람들에게 말했다. "기뻐하라! 알라께서 나타나셔서 알 카탑을 석방하라고 말씀하셨다."[1] 그때 무함마드가 받은 계시는 다음과 같았다.

그들이 그들 사이에 일어난 모든 분쟁을 그대(무함마드)에게 가지고 와서 판결해 달라고 부탁하고, 그대의 판결에 아무런 불만 없이 전적으로 그 판결을 받아들일 때에야 비로소 그들에게 믿음이 있다고 할 수 있다. 그전까지는 참된 무슬림이 아니다. - 꾸란 4:65, 4:59

---

1. 이븐 카티르 (Ibn Kathir) 『꾸란 해설서(The Quran Commentary)』

다시 말해서 무함마드가 아닌 다른 사람에게 판결을 구하는 사람은 '믿음이 없는' 사람이므로 무슬림이 아니다. 그러므로 우마르가 죽인 사람은 무슬림이 아니었기 때문에 괜찮다는 것이다.

이 계시를 들은 무슬림들은 기뻐하며 춤을 추었다.

그렇다면 이 예화는 이슬람의 관습에서 어떤 면을 보여주고 있는가?

진정한 무슬림이 되려면 반드시 무함마드의 판결과 교리에 따라야 한다는 것을 나타낸다. 무슬림들은 알라의 말씀을 직접 들을 수 없으므로 무함마드의 말을 거부해서는 안되는 것이다. 누구라도 메신저 무함마드를 부인한다면 이슬람의 근간인 그의 계시를 부인하는 것이 된다(위에 제시한 꾸란 4:65을 기억하라).

무슬림들이 자신의 종교에 대해 알고 있다면 이와 같은 내용을 인지하고 있을 것이다. 하지만 그저 전승에 의해 이슬람을 믿는 사람들은 잘 모를 것이다. 꾸란에서는 이 점이 여러번 반복 되어 있다. 예를 들면

메신저(무함마드)에게 복종하는 것이 알라께 복종하는 것이다.

- 꾸란 4:80

메신저(무함마드)가 너희에게 주는 것을 무엇이든 받고, 그가 너희에게 금지하는 일은 하지 마라. - 꾸란 59:7

올바른 길을 명확히 제시받은 후에도 메신저(무함마드)의 말을 부인하고, 반대하고, 믿는 자의 방식을 따르지 않는 자에게, 우리2는 그가 선택한 길로 가게 내버려둠으로써 그 자가 결국 지옥의 불구덩이에 빠지게 할 것이다. 얼마나 끔찍한 결과인가? - 꾸란 4:115

중동에서 하디스의 권위는 생활 곳곳에서 드러난다. 두 사람이 다투는 경우 아마도 그 중 한명은 부카리의 하디스를 가지고 와서 이렇게 말할 것이다. "부카리의 이 책에 맹세코 나는 진실을 말하고 있어."

하디스는 꾸란과 나란히 인용된다. 내가 이집트에 있을 때 라디오와 TV에서는 하루에 다섯 번 기도시간을 알리는 방송을 했는데 기도 시간 전에는 꾸란에서 발췌한 구절을 낭송했고 후에는 하디스에서 발췌한 구절을 낭송했다. 이쯤에서 독자들중에는 이렇게 생각하는 사람도 있을 것이다. "저자가 이슬람에서 하디스가 차지하는 위상을 정립하려고 이렇게까지 애쓰고 있는 이유는 뭘까?" 그 이유는 이슬람에 대해 부정확한 묘사를 하는 많은 사람들이 하디스의 교리를 염두에 두지 않기 때문이다. 그들은 마치 무함마드가 이슬람의 대표자가 아닌 것처럼 행동한다. 무슬림의 시각에서 이런 태도는 이단이다. 이 책을 계속 읽어나가면 무함마드의 믿음과 교리 그리고 유대인에 대한 행동 등에 대해 배우게 될 것이다. 이것은 단지 과거의 역사일 뿐 아니라 현재 무슬림들과 유대인들이 반목하는 이유를 알려줄 것이다.

다음 장에서는 무함마드가 이미 유일신을 숭배하고 있던 아라비아의 종교들(기독교와 유대교)과의 관계에서 이슬람을 어떻게 보았는지 살펴보도록 하자.

---

2. 이 구절은 꾸란에서 '우리(We)' 가 알라를 지칭하는 예를 보여주고 있는데, 그렇다고 해서 알라가 여럿이라는 뜻은 아니다. 이는 알라의 위대함과 권능을 상징하는 아랍어의 의미론적 장치이다.

무함마드가 살았던 시기가 7세기였다는 사실을 늘, 항상, 언제나 잊지 말도록 하라. 당시 유대인들은 근 2천 5백년 동안 하나님을 숭배해오고 있었고 기독교인들은 6백년 동안 구약성경에서 말한 메시아인 예수 그리스도를 믿고 있었다. 이런 틈바구니 속에서 이슬람의 믿음 체계가 어떻게 입지를 확보할 수 있었을까?

무함마드는 아주 강력한 방법을 썼다. 그는 유대인들과 기독교인들에게 이렇게 주장했다.

"당신들의 선지자(사도)들은 곧 이슬람의 메신저였고, 당신들의 하나님은 이슬람의 알라와 똑같은 분이시다."

우리의 *알라는* 너희의 *하나님과* 한 분이시다. - 꾸란 29:46, 3:64

이런 주장이 어떻게 가능할까? 세상 사람들이 이슬람에 대해 처음으로 들었을때가 무함마드가 신의 계시를 받았던 7세기였는데 성경의 선지자(사도)들은 어떻게 이슬람을 설교할 수 있었단 말인가? 꾸란에는 이슬람이 유대교나 기독교보다 먼저 생겨났고 아브라함은 이슬람을 믿었다고 되어있다.

> 아브라함은 유대교인도 기독교인도 아니었고, 진정한 무슬림이었다… 진실로, 아브라함과 가장 가까운 자는 그의 뒤를 따른 자, 이 메신저(무함마드), 그리고 무슬림들이다. - 꾸란 3:67~68

꾸란에는 이슬람이 '아브라함의 종교'라고 표현된 경우가 여러 차례 나타난다(꾸란 2:130, 2:135, 3:95, 4:125, 6:161). 아울러 아브라함과 그 이후의 여러 선지자(사도)들(이삭, 이스마엘, 야곱, 노아, 다윗, 솔로몬, 모세, 요한, 예수 등)이 이슬람을 설교했다고 나와 있다(꾸란 4:163, 6:84~86, 부록A에는 이슬람에서의 아브라함의 역할에 대해 설명되어 있다).

그렇다면 이슬람은 유대교와 기독교의 존재를 어떻게 설명하고 있는가? 유대교와 기독교는 알라에 대한 '꾸란 이전의 계시(earlier revelation: 꾸란보다 더 일찍 나타난 계시를 의미함 - 편집자주)'를 기초로 성립되었다고 꾸란에 나와 있다.

'꾸란 이전의 계시'는 곧 유대교 경전과 기독교 신약성경이었다. 하지만 유대인과 기독교인이 경전을 손상시키고 더 이상 알라를 숭배하지 않았기 때문에 알라께서 무함마드를 통해 새로운 계시를 내릴 수밖에 없었다는게 이슬람의 주장이다.

이슬람의 교리에 의하면 무함마드가 받은 계시로 인해 기독교와 유대교는 무효화되었고 사람들은 아브라함이 이해하고 실천했던 참

된 종교(이슬람)로 복귀했다고 한다.[1]

무함마드는 마지막 메신저다

이슬람의 교리에 의하면 이스라엘인들이 죄를 지었기 때문에 알라께서 이스라엘의 자손들을 버리고 아브라함의 자손으로 눈을 돌려 이스마엘 혈통에서 마지막 메신저를 선택하였다고 한다(부록A 참조). 무함마드는 이슬람 메신저들 사이에서의 자신의 위치에 대해 분명히 밝혔다.

이전의 다른 메신저들과 비교할 때 나는 구석에 벽돌 한 장이 들어갈 자리만을 남겨둔 채 아름다운 집을 완성한 사람에 비유할 수 있겠다. 사람들은 그 집을 둘러보며 그 아름다움에 경탄하며 말한다. "이 벽돌만 제자리에 놓인다면 얼마나 좋을까!" 나는 그 마지막 벽돌이고 즉 마지막 메신저다.[2]

아울러 무함마드의 계시를 의하면 새로이 선택된 백성이라고 알라는 말했다.

너희 [진실한 이슬람 일신교 무슬림과, 메신저 무함마드와 그의 순

---

1. 아브라함과 이스마엘은 이슬람 교리에 등장하는 주요 인물이다. 하지만 이들의 생애에 대한 꾸란의 기록은 성경의 기록과 일치하지 않는다. 이렇게 일치하지 않는 부분은 어느 한쪽 경전이 옳다면 다른 경전은 그릇된 것임을 의미하기 때문에 무슬림들에게 이 불일치 부분은 매우 중요하다. 이 문제는 부록A 에서 자세히 다루었다.
2. 알 부카리(Al Bukhari) 의 하디스 제4권 하디스 번호 735번 『성 꾸란(The Noble Quran)』 2:252 에 주로 인용되어 있음.

나(Sunah : 이슬람의 전통 율법 - 편집자주)를 따르는 자]는 인류 가운데 가장 훌륭한 사람들이다. - 꾸란 3:110

이 구절은 이렇게 계속된다.

…성경의 백성들(유대교인들과 기독교인들)이 믿었다면 그들 스스로를 위해 더 좋았을 것이다.

이슬람은 유대인들이 아닌 무슬림들이 알라의 은총을 받고 있다고 가르친다. 무슬림들은 마지막 메신저 무함마드가 그랬던 것처럼 알라의 마지막 메시지를 세상에 전파하는 책임을 이행하는 일을 영광스럽게 생각한다.[3]

공덕을 쌓아 천국으로

무슬림이라는 것은 무엇을 의미하는가? 그것은 자신의 뜻을 알라의 뜻에 복종함을 의미한다. 무슬림이라는 것은 믿음 체계를 받아들

---

3. 서방인에 의해 집필된 인기 있는 이슬람 역사책에는 이런 주장이 실려 있다. 무슬림들이 무함마드가 메신저들 가운데 가장 훌륭한 마지막 메신저라고 주장하기 시작한 시기는 아마도 리다(Riddah) 전쟁 중이었을 것으로 추정된다. 사실 이 주장은 꾸란에는 명시되어있지 않다(암스트롱 『이슬람 소사 Islam : A short History』 26p). 이 진술은 하디스에 있는 무함마드의 말을 무시한다. 하디스의 내용은 진정한 그의 교리가 아니라고 주장하고 있는 듯하다. 하지만 하디스의 내용은 무함마드의 일생을 기록한 것이고 신빙성을 위해 엄격히 검증되었다. 무함마드는 자신이 마지막 메신저라고 믿었을 뿐 아니라 그렇게 말했다. 이와 다른 주장을 하는 것은 예수께서 하나님의 아들이라고 주장한 적이 한 번도 없다고 말하는 것과 같다(요한복음 5:16~30 참조).

이는 것 그 이상이다. 행동을 통해서만 진정한 무슬림이 될 수 있다.

무함마드는 하디스에서 이렇게 말한다. "마음은 선행으로 나타난다." 다시 말해 말만으로는 무슬림이 되기에 충분치 않다. 선행이 뒤따라야만 한다. 꾸란에는 사람이 죽으면 무덤으로 가서 심판의 날까지 거기서 머문다고 나와 있다. 심판의 날에 알라는 그 사람의 선행과 악행을 저울에 달아본 다음 그 사람이 천국에 갈 수 있는지 여부를 결정한다. 꾸란에는 이렇게 적혀있다.

> 이 날(부활의 날)에는 아무도 부당한 판결을 받지 않을 것이다. 오직 자신의 소행에 대한 보답을 받을 뿐이다. - 꾸란 36:54

이슬람의 다섯 기둥

이슬람의 다섯 기둥에 대해 들어본 적이 있을 것이다. 이 다섯 기둥은 이슬람에서 알라를 기쁘게 하는 선행의 기초를 이룬다.

1. 오직 알라만이 숭배 받을 권리가 있다는 것과 무함마드가 알라의 메신저라는 것을 인정해라.

이슬람으로 개종할 때 이 두 가지를 선언해야 한다. 그리고 기도시간을 알리는 문구에 포함시켜 하루에 다섯 번 이 내용을 상기하도록 해라.

2. 하루에 다섯 번 기도를 드려라.

하루에 다섯 번 기도를 하지 못하지만 그래야 한다고 여전히 믿고 있는 경우에는 죄는 지었지만 이슬람을 버린 것은 아니다. 하지만 하루에 다섯 번 기도하는 것을 신조로 삼지 않은 경우에는 이미 이슬람을 떠난 것이나 다름없다.

3. 자선(zakat)을 행하라.

자선 액수는 보통 수입의 2.5퍼센트로 한다. 현대에는 무슬림 자신의 개인적 선호도에 따라 기부방법을 선택할 수 있다. 인근의 모스크에 낼 수도 있고 가난한 사람이나 자신의 친족 중에 도움이 필요한 사람에게 직접 줄 수도 있다. 광신도 집단을 지원하는 자선단체에 기부하는 사람들도 있다. 오사마 빈 라덴과 알 카에다는 페르시아만 인근 석유 산유국의 부호들이 기부한 수백만 달러에 의해 자금을 조달받았다.[4]

부자들은 많은 돈을 자선하는데 특히 라마단 기간에 가난한 사람들을 돕는 데 쓴다. 나의 아버지도 라마단 기간에 자신의 공장 앞에서 8백 명에서 1천 명에 이르는 가난한 사람들에게(낮 동안의 금식 후에 먹는) 저녁식사를 제공하셨다.

아버지는 식탁과 의자를 준비한 다음 근처 식당에서 주문한 음식을 나눠주셨는데 라마단 기간 한 달 동안에 2만 5천 명분에서 3만

---

4. 이스라엘 외교부 정보국의 보고에 의하면 "하마스는 복잡다단한 조직망을 통해 자금을 모금하고 있다. 이들 대다수는 종교 및 시민 활동을 지원하기 위한 모금이라고 공공연히 주장하지만, 이 자선(자카트: zakat)은 비밀 활동 요원, 사망한 테러리스트의 가족, 테러 단체 등에 주어진다. 사실상 하마스의 민간 활동과 테러리스트들 활동 사이에는 어떤 차이도 없다."(이스라엘 외교부 정보국: www. israel-mfa.gov.il)

명분이 제공되었다. 이런 종류의 자선은 무슬림 국가 전체에서 행해진다.

4. 자금사정이 허락하는 한 일생에 한번은 메카로 순례(haji)여행을 떠나라.

"신전(Ka'ba카아바 : 메카에 있는 이슬람 대사원 중앙 가까이에 자리 잡은 작은 성소 - 편집자주)으로 하지(Haji, 메카로의 순례)를 가는 것은 알라에 대한 인간의 의무다. 단 그 비용(교통비, 숙박비, 식비)을 감당할 능력이 있는 사람만 가면 된다. 그리고 순례를 신조로 삼지 않는 자(즉 하지를 부인하는 자)는 알라를 믿지 않는 자다." - 꾸란 3:97

매년 라마단 후 세번째달에 3백만 명 이상의 무슬림들이 사우디아라비아의 메카로 순례를 간다. 한꺼번에 너무 많은 사람들이 몰려들기 때문에 호텔에는 묵을 방이 없어서 텐트에서 잠을 청하는 사람도 많다. 내가 무슬림이었을 때 나도 한 번 순례를 갔었다. 그리고 규정된 의무를 수행했는데 수천명의 사람들과 무리를 지어 움직였다.

5. 신성한 라마단 기간에는 금식을 해라.

라마단 기간에 무슬림은 오전 4시부터 해가 질 때까지 음식을 먹어서는 안 된다. 여행 중이거나 병이 나서 금식할 수 없다면 금식하지 못한 날을 나중에 보충할 수 있다. 하지만 의지력이 부족해서 라마단 기간에 금식하지 않는 경우에는 죄가 된다. 그러나 그 죄는 용서받을 수 있다. 반면 라마단 기간에 금식하는 게 무슨 소용이 있냐는 생각에서 금식하지 않는다면 그 사람은 이미 이슬람을 떠난 것이다. 무슬림이라면 라마단 기간의 금식을 거부해서는 안 된다.

이외에도 지하드는 이 다섯 기둥에 포함되지 않지만 알라를 기쁘게 하는 효과적인 방법 가운데 하나다. 지하드에 대해서는 8장에서 자세히 설명할 것이다(더 자세히 알고 싶으면 『이슬람의 테러전사들, 뿌리를 찾아서』 참조하길 바란다).

알라를 화나게 하는 방법

이번에는 이슬람에서 알라를 화나게 하는 행동이라고 일컫는 행동을 살펴보도록 하자.

1. 알라를 가장 화나게 하는 것은 알라 이외의 신을 믿거나 알라를 믿는 동시에 다른 신을 믿는 행위다. 예를 들어 무슬림은 이렇게 말할 수 없다. "나는 알라와 꾸란을 믿고, 예수께서 하나님의 아들이라는 것도 믿는다." 이런 행위는 결코 용서받을 수 없다.

- 꾸란 4:116

2. 이슬람의 메신저 무함마드 모욕하기 - 꾸란 4:65, 4:115
3. 다섯 기둥 가운데 어느 하나를 소홀히 했을 때
4. 이슬람의 계율을 지키지 않는 것 즉 음주, 부도덕적인 성교, 돼지고기를 먹는 것, 빌려준 돈에 이자를 부과하는 것, 도박, 다른 법들에서 금지한 것.
5. 지하드에서 도망가는 것 - 꾸란 8:16

무슬림은 최후의 심판 날이 되기 전에는 알라가 그의 삶에 만족하는지 아닌지를 확신할 수 없다. 하지만 이슬람의 교리에 의하면 무슬림은 라마단 기간의 금식과 메카로의 순례를 지키지 못해서 지은 죄는 용서받을 수 있다고 한다. 삶의 여러 다른 영역에서 나타나고 있는 무슬림들의 행동은 자신들의 행동이 알라에 의해 측정되고 평가될 것이라는 믿음에 근거한다는 사실을 이해하기 바란다.[5]

결론

이슬람에 대해 개괄적으로 살펴본 이 장의 내용 중에 다음 사항은 잊지 않기를 바란다. 이번 장에서 살펴본 내용은 유대인에 대한 이슬람의 교리를 이해하는 데 필요한 토대가 될 것이다.

▶ 무슬림들은 유대인들, 기독교인들과 같은 신을 숭배한다고 주장한다.
▶ 동시에 이슬람은 이슬람이 유대교와 기독교를 대체했기 때문에 진짜 유일신을 믿으려면 이슬람을 믿어야 한다고 주장한다.
▶ 무함마드는 자신이 알라의 마지막 메신저라고 주장했다.
▶ 이슬람은 천국으로 가기 위해 공덕을 쌓을 것을 요구한다.

---

5. 이슬람에서는 선한 행위로 공덕을 쌓아야 천국에 들어갈 수 있다고 한다. 하지만 예수께서는 믿음만 있으면 천국에 갈 수 있다고 말씀하셨다. 기독교에서는 선한 행위를 하는 것은 하나님을 기쁘게 하고 감사함을 나타내는 방식이지만 선한 행위만으로는 천국에 들어갈 수 없다고 한다.

제 8 장

꾸란은 관용을 요구하는가?
아니면 지하드를 요구하는가?

SECTION 2에서 처음에 제기했던 의문에 대해 생각해보자. 꾸란의 교리에 대한 사람들의 주장이 어떻게 두 가지 상반되는 내용으로 나누어 질수 있는가?

■ 비무슬림에 대한 관용

■ 비무슬림에 대항하는 지하드

이 질문에 대한 답을 찾기 위한 열쇠는 꾸란이 어떻게 계시되었는 가를 기억하는 것이다. 무함마드는 천사 가브리엘이 찾아와 알라의 말씀을 들려 주었다고 했다. 이 과정은 약 22년에 걸쳐 나타났다. 계시 내용은 당시 무함마드의 삶에 일어나고 있던 사건들과 직접 관련 되는 것이 많다.

무함마드의 일생은 크게 두 시기로 나뉘는데 메카에서의 관용의 시기와 메디나에서의 공격적인 시기가 그것이다. 무함마드가 메디나에서 받은 계시는 메카에서 받은 계시와 종종 아주 달랐다. 무함마드는 무슬림들에게 이 모순된 계시를 다루는 방법을 알려주는 계시도 받았다.

먼저 무함마드의 '관용의 시기'에 대해 살펴보자.

관용의 시기

무함마드는 610년 처음 계시를 받았을 때 메카에 거주하고 있었다. 당시 그는 친절과 아량을 베풀어 사람들이 이슬람으로 개종하게 하려고 노력하는 설교자였다. 622년 그와 그의 추종자들이 박해를 받고 인근의 메디나로 옮겨간 후에도 무함마드는 1년 동안은 계속해서 긍정적인 메시지를 설교하며 사람들을 이슬람으로 끌어들일 수 있기를 바랬다.

> 종교에 어떠한 강압도 개입되어서는 안된다. 진실은 그 자체로 오류와 분명히 구별되어 드러난다. 악을 거부하고 알라를 믿는 사람은 누구나 절대 부서지지 않는 견고한 손잡이를 손에 쥐고 있는 것과 같다. 알라께서는 모든 것을 들으시고 아신다. - 꾸란 2:256

이 구절의 핵심적 의미는 이렇다. "누구에게든 강제로 종교를 바꾸게 해서는 안 된다. 옳은 길은 분명히 드러나게 마련이다." 이슬람을 평화의 종교라고 주장하는 사람은 이 구절을 인용한다.[1]

하지만 이 계시는 무함마드가 이슬람을 거부한 사람들에 대해 받은 계시 중 초기의 계시에 해당한다는 점을 명심해야 한다.

초기의 무함마드는 평화로운 종교를 제시하고 있었다. 그에게는 단지 소수의 추종자들만이 있었을 뿐이었고 힘이 너무 약한 상태였기 때문에 평화로운 방식으로 종교를 전파하려는 것은 좋은 전략이었다. 하지만 이슬람은 계속 약한 상태로 머물러 있지 않았다.

공격적인 시기

메디나에 처음 도착했을 때 무함마드는 계속해서 단지 말로만 사람들을 설득하려 했다. 이 전략은 1년동안 지속되었는데 그동안 무함마드는 수많은 우상숭배자들을 이슬람으로 개종시켰지만 유대인은 거의 한명도 개종을 시킬 수 없었다. 그러자 무함마드는 힘을 토대로 한 새로운 전략을 사용하기로 결정했다. 그는 지하드를 포고하고 무력으로 비무슬림들을 이슬람으로 개종시키기 시작했다. 그의 새로운 계시들 중 하나를 살펴보자.

> 어디에서든 이교도(Mushrikun)를 발견하면 그들을 붙잡아라, 포위하라, 죽여라. 그리고 모든 매복 장소에서 기다려라. - 꾸란 9:5

이 '칼의 구절' 은 위에 인용한 꾸란 2:256의 초기 계시들과 모순된 것이었다. 그런데 그 모순을 정당화하는 계시 또한 메디나의 무함마드에게 내려졌다.

---

1. 꾸란에는 이런 구절이 있다. "네 원수에게 관용을 베풀라." 하지만 예수께서 했던 것처럼 "네 원수를 사랑하라."(마태복음 5:44)라는 구절은 찾아볼 수 없다.

우리가 취소하거나 잊게 한 계시에 대해서는 그보다 더 낫거나 그
와 비슷한 계시를 다시 내릴 것이다. 알라께서 전지전능하시다는 것
을 모르느냐? - 꾸란 2:106

이 계시에 의하면 알라는 꾸란의 일부를 폐기할 수 있다고 한다.
'폐기하다(abrogate)'는 '권위 있는 자 혹은 기관이 취소하다', '존재
하지 않는 것으로 취급하다' '무효화하다' 등의 의미를 가지고 있다.
이 '취소된' 계시는 '더 나은' 또는 '비슷한' 계시에 의해 대체된다.
　실제로 적용된 이 원칙은 꾸란의 두 계시 사이의 모순이 있을 때
나중에 내려진 새 계시는 이전의 계시보다 우월한 것으로 간주되는
것이다. 그리하여 새 것이 옛 것을 대체한다.
　여러분은 여전히 꾸란에서 "종교에 어떠한 강압도 있어서는 안된
다"라는 글귀를 발견할 것이다. 하지만 이 글귀에는 더 이상 권위가
존재하지 않는다. 이 계시는 나중에 나온 계시에 의해 취소(mansookh)
되었기 때문이다.

유대인들과 기독교인들은 무함마드를 비난했다.

　유대인들과 기독교인들은 무함마드의 교리를 주시하고 있었다.
무함마드가 교리를 바꾸는 것을 본 그들은 그를 비난했다. "어째서
당신이 메신저란 말이오? 어떻게 하나님이 마음을 바꾼단 말이오?
어떻게 오늘 말한 계시를 내일 취소할 수 있소?"
　그들의 불평에 대해서는 꾸란에도 언급 되었다.

그리고 우리가 꾸란에서 이전의 계시를 새로운 계시로 바꿀 때 "알라는 당신이 내린 계시를 가장 잘 알고 계신다" 알라를 믿지 않는 그들은 이렇게 말한다. "무함마드는 거짓말쟁이에 불과하다!"라고. 하지만 아니다, 그것은 무지에서 나온 소리다. - 꾸란 16:101

다음 구절에서 알라는 이런 비난에 응대하는 방법을 무함마드에게 일러주었다.

무함마드여, 가브리엘이 알라에게서 계시(꾸란)를 성실히 받아왔다고 말하라. 그리고 그 계시는 무슬림의 믿음을 굳건하고 강하게 하고, 무슬림으로서 알라께 복종해 온 사람들에게 길잡이와 희소식이 될 것이다. - 꾸란 16:102

다시 말해 알라는 무함마드에게 단순히 꾸란은 진실한 것이며 알라의 말씀이고 그것을 믿는 사람에게 이로울 것이라고 말하라고 했던 것이다. 이것이 고작 어째서 새로운 계시가 이전의 계시와 모순을 일으키는가? 라는 의문에 대한 응답이었다.

무슬림들 모두가 꾸란을 이렇게 해석하고 있을까?

지금쯤 여러분은 '무슬림들 모두가 꾸란을 이렇게 해석하고 있을까?' '무슬림들 모두가 최신의 계시로 꾸란의 모순을 해결할 수 있다고 생각할까?' 라고 자문할 것이다. 이 원칙은 아라비아어로 나시크(nasikh: '알라가 무함마드에게 내린 계시는 점차 진보한다는 것' – 편집자주)이다.

'나시크'는 이슬람에서 널리 받아들여진다. 이슬람의 가장 큰 두 종파인 수니파와 시아파도 이 원칙을 인정한다. 나는 이슬람계 고등학교에서 이 원칙을 배웠고 알 아즈하르 대학의 꾸란 해설시간에도 이에 대해 연구했으며 내가 설교했던 모스크에서 이 원칙을 가르쳤다.

대부분의 꾸란에는 어떤 구절이 메카에서 받은 계시인지 메디나에서 받은 계시인지를 나타내는 표가 수록되어 있다. 이는 독자들이 어느 구절이 더 새로운 계시인지 한눈에 알 수 있게 하기 위한 것이다.

심지어 꾸란의 역사조차 '나시크'가 유효함을 보여준다. '나시크'가 없었다면 무함마드의 추종자들은 그저 메카 시절의 이상적 포교에 머물렀을 것이고 전 세계의 영토와 사람들을 정복하기 위한 지하드나 이슬람 군대가 생기지도 않았을 뿐더러 이슬람은 아라비아 이외의 지역으로 퍼져 나가지도 못했을 것이다.

문제는 이 *나시크*(nasikh)를 받아들일 수 없는 사람은 꾸란을 어떻게 이해 하느냐는 것이다. 그저 자기 마음에 드는 구절만을 선택적으로 읽을 것인가? 무함마드가 보여준 모범을 따라 할 것인가? 무함마드는 메카에서 그저 설교만 한 것은 아니었다. 그는 메디나로 가서 알라를 믿지 않는 사람들에게 전쟁을 선포했다. 그가 보여준 모범 가운데 그저 절반만 따라 할 것인가?

만약 누군가가 알라가 무함마드에게 내린 연속적인 계시를 부인한다면 그들은 이슬람 자체를 부인하는 것이다. 자신의 종교에 대해 충분히 알지 못하는 일부 무슬림들은 *나시크*(nasikh)를 온전히 이해하지 못할지도 모른다. 하지만 '나시크'는 아직도 이슬람의 기본 원칙으로서의 자리를 굳게 지키고 있다.

제 9 장

서방의 '선한 이슬람'

2001년 9월 11일의 미국에 대한 공격은 이슬람의 이미지에 커다란 타격을 입혔다. 현재 이슬람의 모습은 살아남으려고 안간힘을 쓰는 상처 입은 사자와 흡사하다.

특히 서방에 있는 무슬림 지도자들은 이슬람의 다른 이미지를 제시해가며 손상된 이미지를 회복하는 일에 주력하고 있다.

나는 자주 대학캠퍼스에서 강연을 하기도 하고 때때로 기독교 단체에 초대받거나 무슬림 회의에 참석하기도 한다. 「이슬람에 대한 오해」라는 제목의 팜플릿을 두 번 본 적이 있었다. 이 팜플릿들은 늘 메카에서의 계시로 가득했고 이슬람보다는 오히려 기독교와 더 유사한 것처럼 들리는 이슬람 번역물을 제공하고 있었다.

이슬람을 성실히 믿는 사람들중 일부는 이런 교리가 진실이라고 믿고 있다. 하지만 충분히 교육받은 이슬람 지도자들은 이런 교리가 서방인들이 이슬람을 좋은 것으로 보이게 하기 위한 전략이라는 사실을 알고 있다.

이 장에서는 이런 교리에 대해 이야기할 것이다. 무슬림만 이런 교리를 이용하는 것이 아니라 서방인들도 이런 교리를 습득하여 부지불식중에 오류를 범하는 일이 흔하다.

무엇이 정당한 전쟁일까?

내가 미국의 한 대학에서 강연을 할 때 청중석에서 익숙한 주장을 들었다. "무함마드는 자신의 계시와 민족을 지키기 위해 전쟁을 하지 않을 수 없었습니다. 그가 시작한 전쟁은 정당합니다." 정당한 전쟁이라면 무슬림도 싸울 수 있다는 게 이슬람을 평화의 종교라고 말하는 사람들의 주장이다.[1]

'무엇이 정당한 전쟁인가?' 하는 의문은 나로 하여금 무함마드와 그의 후계자들이 벌였던 전쟁에 대해 생각하게 했다. 그 전쟁들은 어떻게 정당화 되었는가? 나는 그 학생의 항의에 이렇게 대답했다.

내 조국 이집트가 무함마드에게 도대체 어떤짓을 했기에 그가 이집트에 쳐들어와 막대한 피해를 입혔습니까? 이집트는 무슬림을 공격한 적이 없었지만 이슬람군은 이슬람 첫 세기 동안 4백만 명 이상의 이집트인을 살해했습니다.[2]

---

1. 인기있는 역사책인 암스트롱의 『이슬람 소사』에는 "꾸란은 전쟁을 정당화하지 않는다. 꾸란에서는 올바른 가치를 보호하고 자기를 방어하기 위한 정당한 전쟁은 옹호하지만 살인과 공격은 비난한다." (암스트롱, 『이슬람 소사』, 30p)

이슬람과 유대인,
그 끝나지 않은 전쟁

무슬림은 이집트 침략에 그치지 않고 남쪽의 수단과 서쪽으로 계속 진군하여 북아프리카의 모든 나라를 정복했습니다. 침략을 받은 나라들이 무함마드나 그의 후계자들을 화나게 할 만한 일을 했을까요? 아니오, 아무 일도 하지 않았습니다.

스페인과 포르투갈을 비롯한 남부 유럽 국가들이 무함마드와 그의 후계자들에게 위협을 가했습니까? 이슬람은 그 국가들까지도 공격했습니다.

꾸란은 무슬림에게 가서 전 세계를 통치하고 모든 인류를 이슬람에 복종시키라고 명령합니다. 그것이 바로 이슬람이 벌이는 전쟁의 근간인 것이죠.

사람들이 어디서 '정당한 전쟁'이라는 용어를 알게 되었는지 살펴보자.

알라께서는 정당한 이유가 없는 한 살인을 하지 말라고 하셨다. 부당하게 살해된 자는 누구나… 우리는 그의 상속인에게 앙갚음을 하거나 용서하거나 보상받을 수 있는 권리를 주었다. - 꾸란 17:33

여기서 나는 이 구절이 전쟁에 대해 말하고 있는 것이 아니라는 점을 지적하고 싶다. 이 계시는 사회에서 저질러진 살인에 대해 말하고 있으며 연이어 희생자 가족의 권리를 기술하고 있다. 이는 부모를 공경하고 가난한 사람을 도와주고 부정한 성교를 하지 말고 고아들

---

2. 이슬람군은 이집트인의 모국어인 콥트어 대신 아라비아어를 사용하도록 강요했다. 이를 거부하는 사람들은 혀를 잘랐다. 아이리스 알 마스리(Iris al Massri)의 『이집트 교회사(The History of the Church in Egypt)』(카이로에서 출간됨)에 자세한 내용이 나와 있다.

에게 잘 대해주라는 등과 같은 일상적 지침을 제시한 꾸란 구절의 일부다.

이 구절은 전쟁에 관한 것이 아니므로 지하드에 관한 꾸란의 수많은 다른 구절에 영향을 주지 않는다.

그들은 거짓말을 하고 있는 것일까? 꿈을 꾸고 있는 것일까?

여기 또 자주 듣는 질문 유형이 하나 더 있다. 내가 개최한 어느 회의에 어떤 남자가 신문을 들고 참석했다. 신문에는 이슬람이 평화의 종교라고 주장하는 지역 모스크 이맘의 발언이 인용되어 있었다.

"어떻게 이런 주장을 할 수 있죠?" 그 남자가 물었다.

나는 그 이맘을 개인적으로 알지는 못하지만 그런 주장을 하게 된 동기는 다음 두 가지 중 하나일 것으로 확신한다.

1. 희망사항

그는 정말 이슬람이 평화적인 종교라고 생각한다. 그래서 이슬람의 평화적인 측면을 설교한다. 그는 진심으로 자신이 이슬람을 믿고 있다고 생각한다. 하지만 평화가 이슬람의 최종적인 계시는 아니다.

2. 기만

몇몇 이맘들은 이슬람이 서방인들에게 매력적으로 보이게 하려고 포장한다. 다시 말해 그들은 이슬람에 대한 진실을 알고 있지만 더 많은 사람들에게 이슬람을 매력적으로 보이게 하기 위해 진실을 위

장한다. 흥미로운 점은 이슬람에서 무슬림은 이슬람의 이미지를
보호하고 포교활동을 촉진하는 데 도움이 되는 경우에 '나시크'를
부인해도 된다는 것이다. 특히 무슬림이 미국 같은 비 이슬람국가
에서 소수로 살아가고 있다면 이런 행위가 용인된다. 하지만 이런
부인은 말뿐임에 틀림없다. 마음속으로는 계속해서 '나시크'를 믿
고 있으며 꾸란의 계시가 나중으로 갈수록 점점 발전했다고 생각
한다.

어느 쪽이든 이 이맘들은 진실을 말하고 있지 않으며 이슬람에
대한 혼돈만을 가중시키고 있는 셈이다.

절반에 대해서만 말하기

이번에는 서방의 일부 집필가들이 피력해 온 내용에 대해 살펴
보도록 하자.

여러 고등학교와 대학교에서는 『이슬람, 소사(Islam : A Short
History)』라는 베스트셀러 도서를 사용해왔다. 이 책에는 이렇게 씌
어있다. "무함마드는 유대교인이나 기독교인이 정말 원하지 않는
한 그들에게 이슬람을 믿으라고 요구하지 않았다. 왜냐하면 그들
은 더할 나위 없이 타당한 그들 자신의 계시를 받아들였기 때문이
다."[3]

---

3. 암스트롱, 『이슬람 소사』 10p

이 주장을 뒷받침하기 위해 저자는 꾸란 29:46을 인용했다.

그리고 더 나은 방식(좋은 말씨와 예의바른 태도로 꾸란의 구절을 소개하여 이슬람 일신교에 관심을 가지게 한다)을 사용하지 않는 한 성경의 백성들(유대교인과 기독교인)과 논쟁을 벌이지 마라. 하지만 바르게 행동하지 않는 자에게는 예외다. 그들에게 이렇게 말해라. "우리는 우리에게 내려진 계시는 물론 너희에게 내려진 계시도 믿는다. 우리의 알라와 너희의 하나님은 하나이며(즉 알라) 우리는 그분께 무슬림으로서 복종해 왔다."

이 구절에는 관용의 정신이 구현되어 있는 것처럼 들린다. 문제는 이 구절이 메카 시기의 계시라는 점이다. 즉 이 계시는 메디나 시기의 계시인 칼의 구절에 의해 취소된다(꾸란 9:5).

"무함마드는 유대교인들이나 기독교인들에게 이슬람을 믿도록 요구하지 않았다."라는 진술을 읽었을 때 나는 저자의 글을 쓴 의도가 정말 궁금했다. 이런 진술을 이해의 부족으로 말미암은 것인가? 아니면 특정 의제를 의도한 것인가?

영어로 쓰인 이슬람에 대한 책들은 이슬람을 좋게 보이게 할 의도로 씌어진 것처럼 보인다. 이 책들은 흔히 영어로 쓰인 다른 책들을 인용하는 서방학자들에 의해 집필된 것이다. 그들은 이슬람에 대해서 읽기는 했지만 이슬람을 경험하지는 못했다.

이슬람을 소개하는 가장 기만적인 방법들 중 하나는 메디나 시기

4.『꾸란에 다가가기: 초기 계시(*Approaching the Quran: The Early Revelations*)』마이클 셀스(Michael Sells) 옮김(Ashland, OR: White Cloud Press, 1999)

의 계시를 모두 빼버리는 것이다. 이 방법은 『꾸란에 다가가기: 초기 계시(*Approaching the Quran : The Early Revelations*)』[4]라는 책이 채택한 전략이다.

더욱 걱정스러운 점은 이 책이 2002년 가을 노스캐롤라이나 대학의 신입생 필독도서로 승인을 받았다는 사실이다. 이런 실정이니 미국인들이 이슬람 교리에 대해 그토록 혼란스러워하는 것도 당연한 일이다.

요약 및 결론

이제 여러분은 이슬람에 대한 기본적인 사실을 알게 되었고 방송이나 인기 도서에서 이슬람에 대해 보고 들은 혼란스러운 메시지를 올바로 정리하고 처리할 수 있게 되었다.

지금쯤 여러분은 '여러분의 무슬림 친구와 이웃, 동료와 지인들도 내가 앞서 설명한 사항을 믿고 있을까?' 하고 궁금해 할 것이다. 다음 장에서는 이 질문에 답해 보려한다.

우리 이웃에 사는 무슬림들도 지하드를 해야 한다고 믿고 있을까? 제 10 장

　서방인들은 무슬림들의 개인차에 대해 무척 궁금해 한다. 그들은 일부 무슬림들이 과격 단체에 가담하여 무고한 사람들을 공격하고 있지만 서방에서는 개인사업을 하며 조용히 생활하는 무슬림들이 대다수라는 사실을 잘 알고 있다. 그들은 이웃에 사는 선량한 무슬림들이나 직장동료가 꾸란의 모든 교리를 믿고 있고 무함마드의 지하드를 하고 있다고는 차마 상상하지 못한다.

　미국에는 6백만~8백만 명의 무슬림들이 거주하고 있다. 이들 대부분은 중동 국가에서 이민 온 사람들이다. 그 다음으로 큰 집단은 흑인 개종자들이다. 가장 작은 집단은 미국계 백인 개종자들이다.

　미국 이외의 국가에는 12억 이상의 무슬림들이 있다. 내 관찰과 경험에 의하면 미국과 기타 국가에 거주하는 무슬림들은 주로 세 그룹으로 나누어진다.

일반적인 무슬림들(Ordinary Muslims : 온건한 무슬림)

일반적인 무슬림들은 이슬람율법을 실천하기는 하지만 지하드에 참전하는 것처럼 어려운 일은 실천하고 싶어 하지 않는다. 이들은 자녀를 부양하고 사업을 하며 선하게 살아가는 데 더 많은 관심을 가진다. 이들이 무슬림이 된 것은 강한 종교적 믿음 때문이라기보다는 자신의 문화와 전통에 기인한다.

미국에 거주하는 무슬림들 대다수는 온건한 무슬림들이다. 이들 중에는 아이를 기독교계 학교에 보내는 이들도 있다. 중동에도 헌신적인 무슬림들보다는 온건한 무슬림들이 더 많다.

이 온건한 무슬림들이 헌신적인 무슬림들이 되려면 상당한 시간과 동기가 필요할 것이다. 헌신적인 무슬림들의 시각에서 보면 이 그룹은 이슬람에 전적으로 복종하지 않기 때문에 세속적인 무슬림들이라 칭해야 마땅하다.[1]

헌신적인 무슬림들(Committed Muslims)

헌신적인 무슬림들은 이슬람율법을 지키며 살려고 많은 노력을 기울인다. 이들은 하루에 다섯 번씩 기도를 하고 자선 기부를 하며

---

1. 인기있는 신간 『호전적인 이슬람 세력이 아메리카에 당도하다(*Militant Islam Reaches America*)』는 '무슬림'이 아닌 무슬림을 가리켜 '온건한 무슬림'이라는 용어를 사용한다. [다니엘 피이프스(Daniel Pipes), 호전적인 이슬람 세력이 아메리카에 당도하다 *Militant Islam Reaches America*(뉴욕: 노튼, New York: Norton, 2002), 143p].

라마단 기간에는 금식을 한다. 헌신적인 무슬림들은 하마스처럼 급진적인 단체에는 참여하지 않을 것이다. 하지만 자신들의 종교나 민족이 위협을 받는다면 언제든지 선을 넘어 급진파가 될 수 있는 가능성을 가지고 있다.

정통 무슬림들(Orthodox Muslims)

정통 무슬림들은 헌신적인 무슬림들에 포함된다. 정통 무슬림들은 이슬람의 요구조건을 따르고 싶어 할 뿐 아니라 7세기에 무함마드가 했던 것과 같은 방식으로 행동하고 싶어한다. 이들은 꾸란과 이슬람 서적을 읽는 데 많은 시간을 투자한다. 이들은 꾸란과 하디스에 따라 여성에게 엄격한 규제를 가한다.

이슬람국가에서는 턱수염을 기르는 정통 무슬림들이 많다. 하지만 서방에 사는 정통 무슬림들은 다른 무슬림들과 겉모습이 다르지 않다.

수피파(Sufites)

무슬림들의 신비주의자로 일컫는 이 그룹은 처음으로 지하드의 의미를 '이슬람을 검으로 전하는 것에서 자신안에 있는 악과 싸우기 위한 영적 몸부림'으로 바꾸려 시도한 최초의 종파다. 수피파는 무함마드가 죽은 지 6세기 후에 시작되었다.

전 세계 무슬림들의 2~3퍼센트만이 수피파다. 정통 무슬림들과 무슬림 광신도들은 이들을 받아들이지 않을 뿐 아니라 진정한 무슬림으로 간주하지 않는다.

광신적 무슬림들(Fanatic Muslims)

광신적 무슬림들은 교리를 행동으로 실천하는 헌신적인 무슬림이라고 할 수 있다. 이들은 하마스 같은 호전적인 단체에 가입하거나 알 카에다와 협력하기도 한다. 이들은 언제든 지하드에 참여할(즉 이슬람의 이름으로 죽이거나 죽을) 각오가 되어 있다.

이들을 어떻게 식별할까?

우리는 9.11공격 후 무슬림들이 보이는 반응에 따라 다양한 유형의 무슬림들을 식별할 수 있었다. 일반적인 무슬림들은 아주 조용했다. 미국에 거주하는 경우에는 자신의 집에 미국 국기인 성조기를 매달아 미국에 대한 지지의사를 나타내기도 했다. 중동의 헌신적인 무슬림들은 거리에서 알 카에다를 지지한다는 시위를 했다. 광신적인 무슬림들은 승리의 감격에 도취되어 새로운 공격도 감행하였다. 그 예로 신문기자인 다니엘 펄을 납치하여 살해하는 등 지금도 계속하여 다른 종류의 새로운 공격을 시도하고 있다.

유대인에 대한 태도

이번에는 이 그룹들이 이스라엘 국가와 유대인에 대해 어떻게 느끼고 있는지 살펴보자. 일반적인 무슬림들은 자신이 자라온 문화와 종교의 영향으로 유대인들에 대해 부정적인 감정을 가지고 있다. 이 사람들은 자신의 집에 유대인들을 들이지 않고 사업상 그들을 신뢰

하지 않으며 유대인들과 친구로 지내지도 않는다. 일반적인 무슬림들은 실제로 유대인은 상종 못할 나쁜 사람들이라고 진실로 믿고 있다. 2001년 12월과 2002년 1월 사이에 1개월 동안 9개국 무슬림 국가에서 실시한 갤럽여론조사는 이런 사실을 보여줬다. 이 조사에서는 거의 1만건에 이르는 개인 면담이 이루어졌다. 면담 질문 중 하나는 비행기 납치범의 정체에 대한 것이었다.

미국 관리들은 9.11납치범 11명 모두가 아랍인이라고 주장했지만 6개 이슬람 국가에서 여론조사에 응한 사람들은 18퍼센트만이 그 공격을 아랍인의 소행으로 생각한다고 응답했다. 61퍼센트는 아랍인들의 소행이 아니라고 응답했고 21퍼센트는 모른다고 응답했다.[2]

아랍인의 소행이 아니라면 누구의 소행이라고 생각하는 것일까? 사그라지지 않는 소문이 하나 있는데 그것은 유대인들이 배후 세력이라는 것이다. 소문에 의하면 세계무역센터에서 일하는 4천명의 유대인들이 사건 당일인 9월 11일에 병가를 냈는데 그 이유는 공격에 대한 경고를 미리 들었기 때문이라고 한다.[3]

헌신적인 무슬림들은 유대인들에 대해 이와 같은 모든 편견을 가지고 있다. 이들은 또한 자신의 종교를 깊이 이해하고 있기 때문에 유대인에 대한 꾸란의 교리도 잘 알고 있다. 광신적인 무슬림들은 유대인 국가가 존재하기 때문이라고 주장하며 폭력을 합리화한다. 이

---

2. 안드레아 스톤(Andrea Stone), 「"이슬람 세계의 대다수는 아랍인이 9.11의 배후세력이라고 생각하지 않는다."」 *USA Today*(2002년 2월 27일자).
3. 마이클 셰퍼(Michel Schaffer), 「부인하는 자들의 주장(The Claims of the Deniers)」, *U.S. News and World Report*: (2004년 9월 16일자) 48p.

들은 자신들의 테러행위에 대한 책임을 유대인들에게 돌리고 유대인들을 표적으로 삼는다. 다니엘 펄 기자의 살해 장면이 담긴 비디오테이프에서 살해자들은 그에게 간단한 사실적 문장중 "내 아버지는 유대인이고 어머니도 유대인이다 나도 유대인이다." 로 자신의 혈통에 대해 설명하라고 강요했다.[4] (한국의 고 김선일도 똑같은 이유로 이용당했다 – 편집자주)

이런 범주화는 무엇을 의미하는가?

이런 범주화는(이렇게 무슬림을 여러 부류로 나누는 것은) 모든 무슬림이 같은 수준의 지식과 열정을 가지고 있지 않다는 것을 의미한다. 일반적인 무슬림들 중 일부는 여러분이 이 책에서 읽게 될 내용조차 모르고 있을 것이다. 이들은 유대인들이 무함마드를 박해했고 계시를 파괴하려 했다는 그저 막연한 생각만 가지고 있을 뿐 자세한 내용은 알지 못한다. 헌신적인 무슬림들과 광신적인 무슬림들은 이런 이야기들을 잘 알고 있으며 이를 이용해 자신들의 믿음을 형성한다.

이제 여러분은 무함마드와 초기 무슬림이 남긴 전례가 오늘날 무슬림들의 사고방식과 행동에 어떤 영향을 미치고 있는지 알게 될 것이다. 다 읽고 난 후에는 이슬람이 이스라엘에 대해 적대적인 자세를 취하는 이유를 훨씬 더 자세히 알 수 있을 것이다.

---

4. 『테러, 거짓말, 그리고 비디오테이프』 워싱턴, 2002년 5월 15일자 cbsnews.com
  (www.cbsnews.com/stories/2002/05/14/attack/main509059.sthml)

SECTION 3

끝나지 않은 전쟁

제1기: 무함마드, 유대인들을 개종시키려고애쓰다

(610~623)

무대 세우기

제 11 장

죽음을 목전에 둔 예수께서 어린 나귀를 타고 예루살렘으로 들어가셨다. 그곳 사람들과 그의 제자들은 기뻐하며 하나님을 찬양했지만 유대인 종교 지도자들은 이들의 행동을 제지했다. 그러자 예수가 말했다.

"대답하여 이르시되 내가 너희에게 말하노니 만일 이 사람들이 침묵하면 돌들이 소리 지르리라 하시니라." - 누가복음 19:40

그런 다음 예수께서는 죽기 전에 마지막으로 예루살렘에 대한 예언을 하셨다. 그 도시를 내려다보시며 눈물을 흘리며 한탄하셨다.

가까이 오사 성을 보시고 우시며 이르시되 너도 오늘 평화에 관한 일을 알았더라면 좋을 뻔 하였거니와 지금 네 눈에 숨겨졌도다. 날이 이를지라 네 원수들이 토둔을 쌓고 너를 둘러 사면으로 가두고 또 너

와 및 그 가운데 있는 네 자식들을 땅에 메어치며 돌 하나도 돌 위에 남

기지 아니하리니 이는 네가 보살핌 받는 날을 알지 못함을 인함이니라

하시니라. - 누가복음 19:41~44

예수께서 거기에 서서 백성들이 아픔과 고통으로 고생하리라는 것을 예견하시며 눈물을 흘리시는 모습을 상상해 보라.

그로부터 37년 후 로마의 황제 타이터스가 쳐들어와 예루살렘을 파괴했을 때 예수의 예언은 현실로 나타났다. 그래서 유대인들은 로마인의 박해를 피해 세계 곳곳으로 흩어져야 했다. 이때 유대인들 대부분은 아라비아로 가서 그곳의 여러 도시와 계곡에 정착했다. 그들은 열심히 농사를 짓거나 사업을 했고 그들이 생산하는 칼과 텐트는 품질 좋기로 명성을 떨쳤다. 그들은 아주 열심히 일했고 양질의 제품을 만들었기 때문에 베두인들과 아랍인들에게 인기가 좋았다.

아라비아에 유대인 공동체가 정착하는데 성공했다는 소식이 중동 전역에 알려졌고 유대인들은 수많은 유대교 회당을 세웠다.

이때 유대인 공동체는 5백년전 로마 황제 타이터스가 이스라엘의 도시와 영토를 파괴하며 유혈 사태를 일으켰던 것과 같은 역사가 다시 되풀이될 거라고는 상상도 하지 못했다. 이번에 유대인 공동체의 삶을 파괴하는 역할을 맡은 자는 아랍인 남자가 될 터였다.

무함마드의 출생과 그의 유년시절

570년 아라비아 사막에서 한 사내아이가 태어났다. 당시 아라비아에서의 삶은 힘들었고 아이의 아버지는 아이가 태어나기도 전에 죽었기 때문에 그의 어머니는 아이를 데리고 친정으로 가서 살았다.

아이가 여섯 살이 되었을 때 그 어머니는 열병에 걸린 지 며칠 만에 숨을 거뒀다. 그래서 아이의 할아버지가 아이를 돌보게 되었지만 이 역시 오래가지 못했다. 그가 아직 어린 소년이었을때 할아버지마저 돌아가셨기 때문이다. 이번에는 숙부가 그를 맡았다. 그래서 그는 숙부 댁에서 사촌들과 함께 살기 시작했다.

어린 소년은 양을 돌보았다. 어느덧 소년이 10대가 되자 그는 대상(隊商)으로 일하는 숙부를 따라 여러 지방을 돌아다니기 시작했다. 한번은 그의 숙부가 그를 데리고 시리아로 갔는데, 그때 그 소년은 거기에서 네스토리우스 교파(천주교에서 파생한 종파로 예수의 신성과 인성을 구분하였으며 삼위일체 교리도 믿지 않았다 – 편집자주)의 사제와 만났다.

이 사제는 소년의 어깨에 있는 작은 모반(birthmark)을 보고는 소년의 숙부에게 말했다. "보세요. 이 아이는 우리의 마지막 메신저가 될 겁니다. 이것이 메신저임을 나타내는 표시지요." 그리고나서 이렇게 경고했다. "유대인이 이런 얘기를 듣거나 아이의 어깨에 있는 모반을 보지 못하도록 주의 하십시오. 만일 그들이 이 사실을 알게 되면 이 아이를 죽이려 할 테니까요."[1]

그 소년에게 이 일은 유대인이 자신의 목숨을 위협하게 될지도 모

---

1. 티이 나가르 박사(Dr. Ti Nagar), 『메신저의 생애(*The Life of the Prophet*)』(이집트 카이로). 이 책의 저자는 알 아즈하르 대학 시절 나를 가르쳤던 교수님들 중 한 분이다. 후에 이 분은 대학 총장이 되었다.

른다는 생각을 심어준 첫 번째 사건이었다. 이 충고는 이 어린 소년에게 무시무시한 영향을 끼쳤다. 이때의 일은 이 소년이 나중에 아라비아의 모든 유대인 공동체에 대해 가지게 될 태도의 초석이 되었다.

소년은 성인이 되자 낙타 대상단을 위해 일하는 직업을 얻었다. 그는 승진했고 마침내 대상단의 리더가 되었다. 그는 낙타 대상단을 이끌고 시리아와 예맨 같은 지방으로 가서 물품을 교역했다.

이 낙타 대상단의 소유주는 그 지역에서 가장 부유하고 세력 있는 여성이었다. 마흔이 넘은 이 여성은 네 번이나 이혼을 했고 아이도 있었다. 반면 이 여성의 대상을 관리하는 이는 스물다섯의 젊은 청년이었고 그녀에게 고용되어 있는 신분이었다. 하지만 그녀는 이 청년에게 청혼했고(아라비아 사회에서는 매우 이례적인 일) 그 둘은 결혼을 했다.

이 청년이 바로 현재 이슬람의 메신저라고 불리는 무함마드 빈 압둘라(Muhammad bin Abdullah)였다. 그리고 그 부유한 대상 주인은 카디자(Khadija)였다. 결혼한 지 15년 후 무함마드가 동굴에서 명상하고 있을 때 가브리엘 천사가 나타났다. 이때 받은 계시로 이슬람이 창시되었다.

무함마드의 도시

무함마드가 거주했던 도시 메카에 대해 살펴보도록 하자. 이 도시는 지금도 사우디아라비아에 존재해 있다. 당시 메카에 살고 있었던 사람들은

- 대부분이 우상 숭배 같은 원시 종교를 믿는 아랍 부족이었다.

- 소수 그룹으로는 유대교를 믿는 유대인들이 있었다. 비록 수는 적었지만 유대인들은 사업으로 부자가 되었기 때문에 높은 사회적 지위를 누리고 있었다.
- 기독교에서 파생된 아비오니교(Abionite)를 믿는 집단이 있었다. 이들은 성경의 율법을 따랐지만 예수께서 자신의 죄를 사해줄 것이라는 사실을 믿지 않았을뿐 아니라 삼위일체도 믿지 않았다. 메카에는 수백 명의 아비오니교인들이 있었다.

당시 기독교 교회 안에는 수많은 이단들이 있었기 때문에 서방이나 동방 할것없이 교회 내부에 큰 문제를 안고 있었다. 아라비아에는 두 가지 유형의 기독교가 있었다.

대부분 예멘이나 요르단 지방에 살고 있었던 정통 기독교가 있었고, 아비오니교(Abionites)와 네스토리우스교 같은 사이비 기독교도 있었다. 기독교 교회는 아비오니교와 네스토리우스교인들을 몹시 매정하게 대했다.

정통 교회는 이들을 인정하지 않았고 이들의 잘못된 교리를 폭로했으며 또한 이들을 공격하는 설교를 했다. 기독교와 유대교 사이에는 많은 마찰이 있었다. 기독교인들은 유대인들이 메시아를 죽였다고 비난했다.

유대인들은 메시아는 아직 오지도 않으셨다고 반박했다. 기독교인들과 유대인들 사이에는 이런 종교적 갈등에도 불구하고 이슬람이 출현하기 전에는 아랍인들과 유대인들은 별문제가 없이 서로 잘 지내고 있었는데 이런 사실들이 무척 경이롭다.

종교에 대한 무함마드의 반응

　무함마드는 어릴적에 이미 자신의 시대에 횡행하는 우상 숭배를 깊이 이해하고 있었다. 어머니가 돌아가신 후 그를 잠깐 맡아 길렀던 그의 할아버지는 알 카아바의 관리인이었고 청소하고 보수하는 일을 담당하였다. 메카에 위치한 카아바는 우상 숭배의 중심지였다. 사람들이 아라비아 전역에서 예배를 드리기 위해 몰려들었다. 각 부족은 이 신전에 저마다의 우상을 가지고 있었다.

　그의 할아버지가 돌아가신 후에는 카아바를 관리하는 일이 할아버지의 아들 즉 무함마드를 맡아 기른 숙부에게 물려졌다. 카아바를 관리하는 특권은 여러 세대에 걸쳐 대물림 되어왔다. 그래서 무함마드는 시간이 날 때마다 자주 카아바에 가곤 했다. 그곳에서 우상에 절하는 사람들과 이 우상을 만들어 파는 일을 하는 사업가들도 보았다.

　당시 메카의 주요 부족이었던 꾸라이시(Quraysh)족이 이 사업을 통해 경제적으로 많은 이익을 얻었는데 이런 사실들이 무함마드의 마음에 일종의 반발심을 불러 일으켰고 이 계기가 무함마드로 하여금 신을 찾는 자신만의 방식을 세우는 일을 하도록 재촉 했을 것이다.

　그는 자신이 어른이 되었을 때 당시 메카와 아라비아에 존재했던 우상 가운데 어느 하나에 절하는 일은 절대 없을 거라고 결심했다.[2]

---

2. A. 샬라비 박사(Dr. A. Shalaby), 「이슬람 역사 백과사전(*Encyclopedia of Islamic History*)」(이 집트 카이로: Dar al Nahadah), 꾸란 2:113 참조.

유대교인들과 기독교인들에게 배우다

무함마드는 알라에 대한 견해를 놓고 토론을 벌일 대상을 찾았다. 그는 아비오니교인이었던 자신의 아내 카디자를 통해 이 종파로부터 많은 영향을 받았다.[3]

카디자의 사촌 와라까 빈 나우팔(Waraqua bin Naufal)은 아비오니교의 수도사였을 뿐 아니라 메카의 영향력 있는 종교 지도자이기도 했다. 그는 무함마드에게 기독교에 대해 가르쳐 주었고 무함마드의 정신적 지도자(멘토)가 되었다. 신약성경에 대한 가르침은 아마도 마태복음을 중심으로 이루어졌을 것이다. 왜냐하면 당시 아라비아어로 읽을 수 있는 부분은 마태복음밖에 없었기 때문이었다.(기독교 역사가의 주장에 의하면 그렇다 – 편집자주)

이 수도사는 유대인의 신앙에 대해서도 가르쳐 주었다. 구약성경에 대한 가르침은 아마도 토라(모세가 집필한 구약성경의 첫 오경 – 편집자주)와 시편을 중심으로 이루어졌을 것이다. 시편은 그 당시에는 다윗의 노래라고도 불렸다. 이 책들을 통해 무함마드는 어떻게 이스라엘 사람들이 하나님에 의해 선택된 백성이 되었는지 배우게 되었을 것이다.

무함마드는 대상단에 물건을 조달하는 일을 했기 때문에 메카의

---

3. 아부 무사 알 하리리(Abu Musa Al Hariri), 『사제와 메신저(*Priest and Prophet*)』(레바논 베이루트)

유대인들과도 사업적 교류가 있었다.

청년 무함마드는 메카를 에워싸고 있는 여러 산들 중의 하나인 자그마한 동굴에 들어가서 보이지 않는 신인 창조주 알라의 얼굴을 보게 해달라고 간구하며 기도하였다. 그는 기도 드리러 갈 때마다 하루나 이틀 또는 사흘씩 동굴에 머물렀으므로 그의 아내 카디자가 물과 음식을 가져다 주곤 했다. 무함마드는 15년 남짓 이런 생활을 했다. 그러던 중 610년에 첫 계시가 내려졌다. 얼마 후 무함마드는 메카에서 이슬람을 설교하기 시작했다.

메디나에서의 첫해

무함마드는 메카에서 여러 명을 개종시켰지만 이들은 박해를 받았다. 그와 무슬림들은 메카에서 메디나로 달아났는데 이는 이슬람 역사에서 아주 중요한 사건이었다. 메디나에서는 비록 몇명 안되는 사람들이었지만 그를 환영해 주었고 무함마드는 더 많은 사람들을 개종시키는 일에 착수했다.

여기서 잠깐 무함마드가 자신의 목적을 성취하는 방식을 살펴보기로 하자. 무함마드는 부모없이 성장했기 때문에 삶이 늘 불안정했다. 카디자와 결혼할 기회가 생겼을 때 그는 그 결혼이 부(富), 영향력, 안정성 등 여러 장점이 있다고 판단하여 그 청혼을 받아들였다. 다시 말해 무함마드는 자신의 목표를 충족시켜 줄 사람과 재원(財源)을 찾고 있었다. 그가 메니다로 갔을 때 처음에는 이런 재원을 평화적으로 얻을 수 있는 방법을 찾기 위해 애를 썼다.

우선 무함마드는 여러해 동안 서로 잔혹한 싸움을 벌이며 양쪽 진영에 수많은 사상자를 내고 있는 가장 강력한 두 부족의 문제를 처리했다. 그는 그들을 설득하여 문제를 해결했다. 그들이 이슬람으로 개종하여 더 이상 전쟁을 하지 않게되자 무함마드는 유대인 공동체의 힘과 영향력에 관심을 집중했다.

당시 메디나에는 아라비아에서 가장 큰 유대인 공동체가 있었다. 메디나에 살 때 무함마드는 매일 유대인들과 교류했다. 그는 그들과 사업상 거래를 했고 유대인 장인(匠人)들이 잘 만들기로 유명했던 칼을 여러 개 사기도 하고 유대인들의 집을 방문하여 그들과 함께 식사를 하기도 했다.

무함마드는 유대인들을 이슬람으로 개종시키면 자신의 계시를 지지하는 영향력있는 자산이 될 수 있을 것이라고 믿었다. 그는 유대인들의 재력과 그들의 정립된 신학이 이득이 있을 것이라고 생각했고 유대인 개종자들은 이슬람을 위해 설득력있는 포교를 할 수 있을거라고 기대도 했다. 무함마드는 그들이 그를 위해 다른 유대인들과 토론을 벌여서 개종시키려는 계획을 세웠다. 아울러 그는 유대인 개종자들이 노련한 솜씨로 우상 숭배자들을 이슬람으로 개종시켜 주기를 바랐다.

그래서 무함마드는 메디나로 간 첫 해에는 유대인을 정복하거나 응징하거나 노예로 만들지 않았다. 말하자면 그는 유대인들을 '자신의 팀'으로 끌어들이기를 원했던 것이다. 그래서 그는 이슬람이 더욱 매력적으로 보이게 하려고 노력했다. 당시 메디나에서 받은 계시를 보면 유대인에 대한 긍정적인 태도를 알 수 있다.

꾸란에는 유대교의 가르침이 많이 반영되어 있다. 그 예로 기도하기 전에 씻기, 금식하기, 이혼 허용, 돼지고기 먹지 않기, 보복의 법칙(눈에는 눈 이에는 이, 꾸란 5:45) 등이 있다. 이외에도 무함마드는 유대인을 존중하여 기도할 때에는 예루살렘을 향해 기도하라고 자신의 추종자들에게 명했다.

　　나는 꾸란에서 유대인들에 대해 어떻게 말하고 있는지 한쪽으로
치우침 없이 정직하게 묘사하고 싶다. 꾸란에는 유대인들에 대해 나
쁜 말만 있는 것은 아니다. 무함마드가 초기에 받은 계시에는 유대인
들에 대해 우호적인 내용이 많았다. 이중 가장 중요한 다섯 가지 항
목을 아래에 제시한다.

1. 유대인은 알라께서 선택한 유일한 민족이다.

　　*이스라엘의 자손이여! 내가 동서고금의 어떤 존재보다도 너희를
더욱더 사랑했다는 사실과 내가 너희에게 준 은혜를 기억하라.*

　　　　　　　　　　　　　　　　- 꾸란 2:47, 2:112 창세기 13:17 비교 참조

*2. 유대인들이 타향에서 이방인으로 살때 알라께서 그들을 보호
하셨다.*

바로왕은 그 땅에서 의기양양하여 그 백성들을 여러 분파로 나누었다. 이 가운데 한 분파를 박해하였는데 남자아이를 모두 죽이고 여자아이는 살려두었다. 정말이지, 그는 큰 죄를 지은 압제자였다.

한편, 우리는 그 땅에서 박해받는 자들에게 은혜를 베풀고, 그들을 지도자와 후계자로 만들고, 그들이 그 땅에서 안정을 찾게 하려고 했다. 그리고 바로왕과 하만과 그들의 후원자들이 두려워했던 것을 유대인들로부터 받게 하려고 했다. - 꾸란 28:4~6

이 구절을 통해 무함마드는 유대인 공동체에게 그들의 조상인 요셉의 이야기와 노예취급과 박해를 받던 시절을 상기시켰다. 무함마드는 유대인들에게 그들의 하나님과 꾸란의 알라는 같은 분임을 납득시키기 위해 이 이야기들을 꾸란의 계시로 제시했다. 이 이야기들은 알라께서 스스로 선택한 민족을 기억하고 있을 뿐아니라 그들을 돌보고 있으며 그들이 무함마드를 믿고 그의 계시를 받아들이기를 바란다는 것을 보여주기 위해 제시되었다.

무함마드가 제시한 이야기에는 새로운 것이 없었다. 성경에 있는 그대로였다. 유대인 공동체는 이미 다 알고 있는 내용이었다.

3. 하나님께서는 자신의 선지자를 유대인들 중에서 선택했다.

그리고 모세가 그 백성에게 이렇게 말했을 때를 기억하라. "오, 나의 백성들이여! 하나님께서 너희들 가운데에서 선지자와 왕을 만드셨을 때를, 다른 누구에게도 주지 않으셨던 것을 너희에게 주셨을 때를 기억하라". - 꾸란 5:20

꾸란에 의하면 알라는 유대 민족을 예우하여 모든 선지자(사도)를 그들 가운데에서 선택하였으며 그들을 왕으로 만들었을 뿐 아니라 부유함도 하사 하였다고 한다.

꾸란에는 유대인의 선지자(사도)들에 대한 구절이 많다. 선지자(사도)(꾸란 21)라는 제목의 장에는 아브라함, 노아, 다윗, 솔로몬, 욥, 이스마엘, 에녹, 이사야, 요나 등에 대한 내용이 기술되어 있다. 세례 요한에 대해서도 언급되어 있으며 동정녀 마리아와 예수 그리스도 탄생에 대한 이야기로 끝난다.

4. 알라는 하나님(God)을 믿고 선한 행동을 하는 유대인들과 기독교인들에게 친절할 것이다.

믿음이 있는 자들과, 유대인들과 기독교인들과 사비안(아라비아어로 '사비안Sabian'은 신(God)을 믿다가 잘못된 신앙으로 돌아선 사람을 지칭한다. 하지만 이 구절에서는 특정 그룹의 사람들을 가리키고 있는데 이 가운데 일부는 아직도 남아 있으며 지금의 이라크 동북부에 살고 있다 – 편집자주) 등 누구든 하나님의 최후의 심판 날을 믿고 올바르고 선한 행동을 하는 자는 그들의 하나님과 그들이 믿는 신으로 부터 보상을 받으리라.

그들에겐 두려움도 슬픔도 없을 것이다. - 꾸란 2:62, 5:69 비교 참조

이 구절에서는 기독교인들과 유대인들에게 무함마드나 이슬람을 진실한 종교로 받아들일 것을 요구하지 않았다. 이 구절이 요구하고 있는 것은 그들이 이미 해오고 있는 일, 이를테면

1) 알라로 지칭되는 신을 믿고

2) 최후의 심판 날을 믿고

3) 좋은 일을 하는 것 뿐이다.

이렇게만 하면 알라는 너그럽게 이들을 판결할 것이라고 꾸란에 나와 있다. 이 구절은 유대인들과 기독교인들을 인정하는 것이었는데 이는 유일신을 숭배하고 있던 그 지역의 다른 종교들과 무함마드 사이에 긍정적인 관계를 형성하기 위한 하나의 방법이었다.

이 구절에서 유대인들과 기독교인들은 알라의 원수라거나 이교도라고 비난 당하지 않았다. 이런 웅변술은 무함마드의 계시 두 번째 시기에서도 나타나곤 했다.

5. 성경의 가르침을 실천하는 유대교인들과 기독교인들에게 알라는 은총을 내릴 것이다.

진실로, 우리는 토라를 모세에게 내렸다. 그 안에는 하나님의 뜻에 복종하고 유대인을 판결한 선지자(사도)들이 제시하는 지침(指針)과 광명이 있다. - 꾸란 5:44, 46~47 비교 참조

그들이 율법과 복음서와 그들의 신이 내려준 모든 계시를 굳게 믿는다면 모든 면에서 행복을 누리게 될 것이다.[1] - 꾸란 5:66

---

1. 『성 꾸란(The Nobel Quran)』의 주장에 의하면 이 구절은 꾸란에 대한 복종을 언급하고 있다고 한다. 하지만 아라비아어로 된 원전에는 이런 해석이 분명히 드러나 있지 않다.

이슬람과 유대인,
그 끝나지 않은 전쟁

위에 제시한 꾸란 구절에 의하면 유대인들과 기독교인들은 하나님으로부터 성경을 받았다고 한다. 그들이 그들의 성경을 자신의 삶에 적용하면 은총을 받을 거라고 꾸란은 말한다.

결론

이 장에서 반드시 기억해야 할 중요한 부분은 무함마드가 메카에 있을 때 그리고 메디나에서의 첫해에는 유대인들에게 이슬람을 매력적으로 보이게 하기 위해 노력했다는 점이다. 처음에 무함마드의 목표는 유대인들이 이슬람에 동화 될 만한 공통적 요소를 마련하는 것이었다.

그는 이슬람이 아브라함이 믿었던 진실한 종교라는 근거로 유대인들에게 이슬람을 받아들이라고 열심히 설득했다. 하지만 유대인들은 무함마드가 바라는 대로 반응하지 않았다.

다음 장에서는 무함마드가 이런 유대인들의 반응에 어떤 조치를 취했는지 살펴볼 것이다.

SECTION 4

끝나지 않은 전쟁

제2기 무함마드, 유대인들이 자신을
거부하자 그들을 징벌하다

(623~632)

당신 자신을 이슬람 메신저가 포교활동을 하던 623년 경에 메디나에 살고 있는 유대인이라고 상상해보라. 칼(劍)과 부엌칼을 만드는 장인(匠人)인 당신은 부유하고 존경받는 사회의 구성원이다.

하루는 당신이 사람들이 대상(隊商)의 우두머리인 무함마드에 대해 이야기 하는 것을 듣는다. 그는 당신이 만든 검과 칼을 사가곤 했기 때문에 그를 잘 알고 있다. 그의 말에 의하면 그는 진짜 유일신에 대해 새로운 계시를 받았다고 한다. 당신은 '그렇다면 무함마드가 우리가 그토록 오시기를 고대해 왔던 메시아란 말인가?' 하고 궁금해 할 것이다.

그래서 당신은 그가 설교하는 것을 들으러 장터에 간다. 그의 친구들이 그와 가까운 곳에 있었고 다른 사람들도 그가 말하는 것을 듣고 있다. 무함마드는 당신을 따뜻이 맞이해 준다. 그는 유대인들의 훌륭함과 그들이 어떻게 부와 지혜의 은총을 받게 되었는지에 대해 말한다. 그는 하나님의 선지자(사도)들이 당신들의 민족에게서 나왔음을 칭송한다.

호기심이 가시지 않은 당신은 또 그의 설교를 들으러 간다. 이번에 그는 당신의 선지자(사도) 가운데 한 분에 대한 계시를 말하고 있다. 좋은 이야기인 것 같다. 그런데 잠깐 틀린 부분이 있다. 당신의 민족이 2천년 이상을 보존해 온 성경이 토라의 내용과 다른 것이다. '대체 무함마드는 자기 자신을 누구라고 생각하고 있는 거지? 그는 우리가 우리의 성경을 부인하고 오직 말에 근거한 그의 주장을 믿을 거라고 생각하고 있는 건가?'

당신은 무함마드를 계속해서 면밀히 관찰하다가 그에게 이의를 제기하기 시작한다.

용인할 수 없는 모순

메신저 무함마드의 설교를 들은 유대인들은 무함마드가 천사 가브리엘에게서 전해들은 새로운 계시는 흔히 성경에 나온 이야기를 반복한 것이라는 사실을 알게 되었다. 이따금 정확히 일치하는 이야기도 있었다. 또 이야기 뼈대는 같고 세부 내용이 다른 경우도 있었다. 가끔 아브라함, 에스라, 예수 등 성경에 등장하는 인물에 대해 완전히 새로운 이야기가 제시될 때도 있었다.

구약성경은 꾸란에 적지 않은 영향을 미쳤다. 줄잡아 계산해도 성경 이야기를 차용한 대목이 전체 텍스트의 약 14%나 되었다(이 수치는 전체 꾸란 6,346 구절에 대한 성경 이야기가 언급된 876구절을 백분율로 환산한 것임 – 편집자주). 이 이야기들이 꾸란에 어떻게 나타나는지 확실한 이해를 돕기 위해 나는 꾸란에 나온 순서대로 주요 성경 이야기 목록을 다음 페이지에 수록했다.[1]

꾸란에 나오는 성경 이야기

꾸란	내용	성경
2:35~37	아담과 이브가 금단의 열매를 따먹다.	창세기 3:1~6
2:49~50	유대인들이 바로왕에게서 해방되다.	출애굽기 12:31~32 14:21~23
2:51~57	유대인들이 송아지를 숭배하다. 하나님이 만나와 메추리를 제공하다.	출애굽기 32:1~5, 16:11~15
2:60	바위에서 물이 솟다.	출애굽기 17:5~6
2:246~247	이스라엘인들이 왕을 요구하다. 사울을 왕으로 얻다.	사무엘상 8:4~5, 9:27~10:1
2:249~251	기드온의 예화와 사울의 예화가 혼합되어 나타남.	사사기 7:5~6, 사무엘상 17
3:38~41	천사가 스가랴(즈가리야)에게 세례 요한이 탄생할 것임을 일러주다.	누가복음 1:11~17
3:45~49	천사가 마리아에게 예수를 잉태할 것임을 알려주다.	누가복음 1:11~35

---

1. 이 표는 꾸란의 전체 내용을 분석하여 만든 것이다. 플로리다 대학원 매스커뮤니케이션 석사학위 과정 학생들이 분석했다. 먼저 연구원은 꾸란을 읽으며 성경의 예화가 나오는 구절을 표시한 다음 꾸란을 다시 검토하며 목록을 작성했다. 다음 기준에 의해 그 이야기를 목록에 포함시키느냐 여부를 결정했다.
   - 꾸란의 이야기가 성경의 이야기와 전체적으로 흡사한 경우(*표시는 대부분의 내용은 성경 표현과 일치하지만 새로운 내용이 추가된 경우를 나타낸다).
   - 두 문장 이상의 이야기여야 한다. 단지 성경에 등장하는 인물이 언급되기만 한 부분은 제외된다(그러므로 '아브라함의 종교'라는 표현은 포함되지 않는다).
   - 심판의 날이라든지, 사탄, 죄 등과 같은 성경의 가르침을 언급한 부분은 이 목록에 포함되지 않았다.

   연구원은 동일한 예화를 지칭하는 용어가 꾸란에 있다 하더라도 기독교인 독자에게 익숙한 용어로 기술했다. 예를들어 '노아와 배'라는 표현 대신 '노아와 방주'라는 표현을 사용했다.

꾸란	내용	성경
4:1	인간(아담과 이브)이 창조되다.	창세기 1:28, 5
5:27~32	가인과 아벨.	창세기 4:3~15
7:19~29	아담과 이브가 금단의 열매를 따먹다. 알몸임을 알고 부끄러워하다. 동산에서 내 쫓기다.	창세기 3
7:80~84	롯이 구조되다. 악의 도시(소돔과 고모라)가 음란죄 때문에 멸망하다.	창세기 19:1~25
7:103~155	이집트의 모세에 대한 상세한 설명. 지팡이가 뱀으로 변하다. 여러 재앙이 덮치다. 홍해건너기. 십계명 숭배할 우상을 요구하는 유대인. 금송아지와 아론.	출애굽기 7~12, 14, 20, 32
10:71~73	노아와 방주.	창세기 7
10:79~93	모세와 이집트 바로왕과의 거래.*	출애굽기 7~12
11:25~49	노아와 홍수.*	창세기 7~8
11:69~82	천사의 방문을 받은 아브라함. 사라의 웃음. 롯을 대신해서 기도를 드리는 가브리엘천사가 롯을 구조하다. 악의 도시가 유황불에 타 없어지다.	창세기 18:1~19 29
12:4~101	요셉의 생애에 대한 상세한 설명(요셉의 꿈 그의 형들이 그를 구덩이에 던져 넣다. 노예로 팔려가다. 주인의 부인이 그를 유혹하다. 감옥에서 죄수들의 꿈 해몽. 바로왕의 꿈 해몽. 감옥에서 풀려나 승진하다. 형들의 방문). 천사들이 아브라함에게 아이가 생길 것이라고 말하다.	창세기 37, 46
15:51~77	롯의 도시가 파괴될 것이라고 경고하다. 도시가 유황불에 멸망하다.	창세기 18, 19
19:2~15	스가랴(즈가리야)와 세례요한의 탄생.	누가복음 1:11~20, 57~64
19:16~40	마리아와 예수의 탄생.*	누가복음 1:26~38, 2:1~7

꾸란	내용	성경
20:9~99	모세와 불타는 덤불. 뱀으로 변하는 모세의 지팡이. 모세의 손과 피부병. 바로왕에게 가라고명령받는 모세. 조력자로서의 아론. 바로왕의 마술사들과 대결하다. 모세의 뱀이 그들의 뱀을 집어삼키다. 바로왕의 군대가 홍해에 빠져 죽다.	출애굽기 2:1~4:17, 7:8~12, 14:32
21:51~73	금송아지 숭배 사건 등 기드온의 이야기와 불타는 화덕에 던져진 세 명의 히브리인들의 이야기에 아브라함이 주인공으로 등장함.	사사기 6:28~32 다니엘서 3:13~25
21:74~75	악의 도시에서 구출된 롯.	창세기 19
21:76~77	노아와 그의 가족이 홍수에서 구제되다.	창세기 7
21:79~82	솔로몬의 지혜.*	열왕기상 3:9~11
21:83~84	욥의 곤경과 회복.	욥기 1~2,42
21:87~88	처벌받고 구원받는 요나.	요나서
21:89~90	스가랴와, 세례 요한의 탄생.	누가복음 1:5~23,57~66
21:23~44	방주를 만드는 노아. 각 동물을 쌍으로 배에 실음. 노아의 말을 듣지 않은 사람들은 홍수에 익사함.	창세기 6:13~8:22
23:45~49	모세와 아론의 말을 듣지 않은 바로왕의 파멸.	출애굽기 5~14
26:10~68	바로왕에게 가는 모세와 아론. 모세의 지팡이가 뱀으로 변하고 바로왕의 마술사들의 지팡이를 집어삼킴. 홍해가 갈라짐. 애굽 군인들이 빠져 죽음.	출애굽기 3:10~12, 7:8~12, 14
26:69~104	아브라함이 자기 아버지의 우상을 거부함.*	창세기12:1~9
26:105~120	노아를 놀린 사람들 결국 홍수에 익사함.	창세기6~7

꾸란	내용	성경
26:160~175	롯과 사악한 도시의 멸망. 롯의 가족 (아내는 제외)을 구해줌.	창세기 19:1~29
27:7~14	모세와 불타는 덤불. 모세의 지팡이가 뱀으로 변함. 모세의 손과 피부병.	출애굽기 3:1~6, 4:1~7
27:54~58	악의 도시가 붕괴되고 롯은 구제됨.	창세기 19:1~29
28:3~40	강에 버려진 모세. 바로왕의 집에서 길러짐. 그의 친모가 젖을 먹여 키움. 싸우는 두 히브리인들. 한 명을 살해함. 미디안으로 감. 목동의 가족과 함께 살게 됨. 불타는 덤불을 봄. 뱀과 피부병의 증거. 바로왕에게 돌아감. 바로왕이 거부함. 하나님께서 바로왕과 그의 군대를 물에 빠뜨려 죽임.	출애굽기 2:1~3:6, 4:1~7, 5:1~12:32, 14
29:14~15	사람들에게 경고하고 방주에서 구제되는 노아.	창세기 6:9~7:7
29:26~35	롯의 무례하고 난잡한 행동을 경고함. 악의 도시 붕괴. 롯의 가족만이 구제됨.	창세기 19
30:20	진흙으로 창조된 아담. 아담의 갈빗대로 만들어진 이브.	창세기 2:7, 21~22
37:5~83	노아와 홍수.	창세기 6:9~7:24
37:83~113	기드온의 이야기에 뒤섞인 아브라함. , 아브라함은 아들을 제물로 드리려 함. 그의 충심을 알아본 하나님께서 그를 제지하고 번제물로 숫양을 제공함.	사사기 6:28~32, 창세기 22:1~19
37:123~132	엘리야가 바알의 숭배자들에 반기를 듦.	열왕기상 18:20~40
37:133~138	악의도시 멸망과 롯.	창세기 19:1~29
37:139~148	물고기에게 먹힌 요나. 물고기가 요나를 뱉어냄. 사람들에게 설교하는 요나. 호리병박 초목으로아늑한 안식처를 얻은 요나.	요나서
40:23~54	모세와 바로왕. 갓 태어난 히브리인사내아이들을 죽이라고 명령함. 바로 처벌됨.*	출애굽기 1:15~22, 5~12
43:46~56	모세가 바로왕에게 증거를 보여줌. 말을 잘 하지못하는 모세 벌을 받아 익사하는 이집트인들.	출애굽기 5~12

꾸란	내용	성경
44:17~33	모세와 바로왕. 이집트의 부(富)를 물려받는 이스라엘.	출애굽기 5~12
51:24~37	천사들이 아브라함을 방문하여 아들이 태어날 것이라고 알려줌. *	창세기 18:1~21
51:38~40	모세와 바로왕.	출애굽기 5~12
54:9~16	노아와 홍수.	창세기 6:13~7:24
54:33~39	롯과 악의 도시.	창세기 19:1~29
71:1~28	노아와 홍수. *	창세기 6:13~7:24
79:15~26	모세와 바로왕.	출애굽기 5~12

위의 표에서 보듯이 요셉과 모세에 대한 내용은 상세히 말하였지만 선지자들의 삶에 대한 설명은 대단히 간단하다. 그리고 이곳저곳에 단편적으로 제시되었을 뿐이다. 단지 꾸란의 계시만을 듣는다면 머릿속으로 선지자들의 일생을 분명히 조합해 내기가 어려웠을 것이다. 이 사람들에 대한 정보의 대부분은 유대인들과 기독교인들의 경전인 성경에 나와 있다.

*이 이야기는 일반적으로 성경 표현을 따랐으나 추가된 내용도 있다. 그러므로 무함마드의 계시에 대해 판단을 내려야 하고 아래와 같이 다음 세가지 유형별로 나누어 보고자 한다.

  A. 무함마드는 진실을 말하고 있다 - 그는 유대인들과 기독교인들의 성경에 영감을 주신 같은 하나님(God)으로부터 계시를 받았다.

B. 무함마드는 주위에서 들은 이야기들을 반복하여 말하고 있는데 기억력이 완벽하지 못하기 때문에 약간 변형된 부분도 있다.

C. 무함마드는 성경에서 배운 이야기들을 되풀이하여 말하고 있는데 아라비아에 이슬람을 세우는 자신의 목표를 진척시키는데 필요하다고 판단되는 부분은 고쳤다.

한편 내 생각은 이렇다. 즉 메신저 무함마드가 아브라함을 비롯한 다른 선지자(사도)들에 대해 말한 이야기들의 원 출처는 성경이다. 나는 꾸란이 성경에 영감을 주었던 같은 하나님(God)이 내린 새로운 계시라고 생각하지 않는다. 왜냐하면 꾸란과 성경에는 모순되는 부분이 많기 때문이다. 내 생각에 진짜 하나님이라면 이미 2천년전에 확립하신 기록과 양립되지 않는 새로운 정보를 주시지 않았을 것이다. 그렇다면 꾸란과 성경 사이에 다른 내용이 있는 이유는 무엇일까?

무함마드가 선포한 알라는 존재하지 않는다. 무함마드의 계시는 알라에게서 온 것이 아니다. '알라' 라는 명칭은 이슬람이 창시되기 전에 이미 아라비아에서 카아바의 360가지 우상 가운데 하나를 지칭하는 말로 사용되었다. 사람들은 그 중 알라를 가장 훌륭한 신이라 여겼다. 한편 몇몇 부족들은 달의 신을 '알라' 라고 부르기도 했다.

무함마드는 유대인들과 기독교인들을 설득하기 위한 전략의 일환으로 성경의 원칙과 이야기를 제시했던 것 같다. 그는 유대교와 기독교를 토대로 새로운 종교를 세운다면 더 많은 개종자를 얻을 수 있을 거라고 생각했던 것이다.

이슬람과 유대인,
그 끝나지 않은 전쟁

무함마드는 이슬람을 뒷받침할 만한 차이를 소개할 필요를 느꼈던 것 같다. 그는 유대인들이 이런 차이를 인정해 줄거라고 기대했다. 하지만 그들은 그렇지 않았다.

무함마드에게 이의를 제기하는 유대인들

꾸란이 그들의 성경에 모순된다는 사실을 알기 시작한 유대인들은 방어적인 태도를 취했다. 그들은 무함마드를 매도하기 시작했다.

한번은 한 유대인 남자가 사람의 시체를 가지고 와서 무함마드 앞에 놓고 말했다. "만약 당신이 하나님의 선지자라면 이 죽은 자를 살려보시오." 무함마드는 아무런 대답을 하지 못했고 죽은 자를 살릴 수도 없었다.

그는 당황했고 주위의 무슬림들도 당황했다. 하디스에 의하면 무함마드는 이 문제로 알라에게 화를 내기도 했다. 하지만 무함마드에게는 이와 같은 문제에 대한 훌륭한 해결책(계속되는 계시)이 있었다. 그는 가브리엘 천사가 이 상황에 대한 계시를 내려주었다고 알렸다. 먼저 유대인 남자의 항의를 어떻게 다루어야 하는지에 대한 계시가 내려졌다.

그러므로 무함마드여, 그대는 그들의 말 때문에 슬퍼하지 말라. 진실로, 우리는 그들이 무엇을 숨기고 있고, 무엇을 폭로하고 있는지 잘 알고 있다. 우리는 남성과 여성의 성적 방출물로 인간을 창조했다. 하지만 보라, 그는 공공연히 적의를 드러내고 있다. 그는 자기 자신이 어떻게 창조되었는지도 잊은 채 우리에게 우화(寓話)를 제시한다. 그는 "썩어 흙으로 변한 시체를 누가 소생시킬 것인가?"라고 묻는다.

- 꾸란 36:76~78

그런 다음 알라는 이 도전적 물음에 대한 답을 제시한다.

무함마드여, 이렇게 말하라. "최초로 그들을 창조하신 분이 그들을 소생시킬 것이다! 그리고 그분은 피조물에 대해 모든 것을 알고 계신다! 그분은 너희가 푸른 나무를 이용해 불을 붙이는 것을 보시고 불을 만들어 주셨다. 그분은 하늘과 땅을 창조하신 분인데 그들과 같은 인간을 창조하지 못하겠느냐? 그건 천부당만부당한 소리이다. 그분은 전지전능하신 최고의 창조주이시다. 진실로, 그분이 의도하신 것이 있을 때 "있으라!"하고 말씀하시기만 하면 실제로 그것이 존재하게 되는 것이다! - 꾸란 36:79~82

다시 말해 알라는 이렇게 말한 것이다. "유골을 소생시킬 수 있는 자는 무함마드가 아니라 나다. 내가 '있으라' 라고 명령하기만 하면 어떤 것도 나타나게 할 수 있다." 하지만 알라가 자신에게 이런 권능이 있다고 주장했다 하더라도 그는 죽은 유골을 되살릴 수 없었기 때문에 유대인들은 무함마드의 대답에 별 감명을 받지 못했다.

유대인들이 증거(sign)를 요구하다

유대인들은 무함마드에게 그의 주장을 입증할 증거를 요구했다. 꾸란에는 이에 대한 언급이 여러 차례 나온다.

그리고 그들은 "하나님은 왜 그에게 증거를 내려주시지 않습니까?"
라고 묻는다. - 꾸란 29:50

이런 말들은 유대인들이 6백년전 예수에게 했던 말들(신약성경에 기록되어 있음)과 비슷하다.

이에 유대인들이 대답하여 예수께 말하기를 네가 이런 일을 행하니 무슨 표적을 우리에게 보이겠느냐 예수께서 대답하여 이르시되 너희가 이 성전을 헐라 내가 사흘동안에 일으키리라. (예수의 이 대답은 자신의 몸이 죽어 허물어졌다가 사흘 후에 소생한다는 것을 의미한다) - 요한복음 2:18-19

유대인들은 구약성경의 예언 때문에 증거를 요구했다.

- 이사야11:1~10, 25:9

꾸란은 증거를 요구하는 힐문에 대한 답을 여러차례 제시했다. 한번은 알라가 무함마드에게 이렇게 대답하라고 말했다.

"예증을 보여주는 일은 오직 알라의 몫이다. 나는 그저 메신저일 뿐이다."라고 말하라. 우리는 그들에게 암송해 줄 경전(꾸란)을 그대에게 내려주었고 그대가 그것을 그들에게 암송해 주었는데, 그들은 그것으로 만족하지 못하고 또 다른 증거를 요구하는가? - 꾸란 29:50~51

다시 말해 무함마드는 유대인들에게 이렇게 말했을 것이다. "나는 메신저일 뿐이오. 내게 증거를 요구하지 마시오. 기적의 증거는 알라께서 하시는 일이오. 그리고 알라께서는 '꾸란이야말로 너희에게 보여줄 충분한 증거다!'라고 말씀하셨소. 또 한번은 알라께서 이렇게 응답하셨다. 무함마드의 등장에 대한 토라와 복음서의 예언이 하나의 증거라고.

> 그들은 "왜 하나님으로부터 받은 증거를 우리에게 보여주지 않는가?"하고 묻는다. 이전의 문서(토라와 복음서)에 메신저 무함마드의 등장에 대해 적혀 있는 구절이 증거가 아니고 무엇이겠는가?
>
> - 꾸란 20:133

만일 당신이 성경에 대해 정통한 사람이라면 '대체 어느 부분에 무함마드의 등장이 예언되어 있다는 말인가?' 하고 의아해 할 것이다. 이에 대해 더 자세히 알고 싶다면 부록C를 참조하라. 무슬림들이 주장한 예언이란 실제로는 예수나 성령에 관련된 것임을 알게 될 것이다. 이슬람의 교리에 의하면 유대인과 기독교인이 성경을 변조할 때 무함마드에 대한 예언을 거의 다 취소해 버렸다고 한다(14장 참조).

유대인들, 무함마드를 조롱하기 시작하다

유대인들 대부분은 무함마드가 진짜 선지자가 아니라고 생각했다. 그들은 무함마드와 이슬람과 무슬림들을 조롱하기 시작했다. 꾸란에는 이렇게 기록되어 있다.

> 알라께서는 그들(유대인들)이 "알라는 가난하지만 우리는 부자다!"라고 말하는 것을 들으셨다. 우리는 그들이 선지자(사도)들을 부당하게 죽인 사실과 그들이 한 말을 기록할 것이다. 그리고 우리는 그들에게 "뜨거운 불속에서 고통을 맛보아라."하고 명할 것이다. - 꾸란 3:181

유대인 가운데 말씀을 곧이곧대로 듣지 않고 이렇게 말하는 자들이 일부 있다. "우리는 당신 말을 듣기는 하지만 복종하지 않소.", "들어보시오, 그래봤자 당신 귀에는 아무것도 들리지 않을 것이오." 그들은 말씀을 오해하고 이슬람을 조롱한다. - 꾸란 4:46

유대인들은 "우리는 듣기는 하지만 따르지 않소." 라고 말하며 무함마드를 조롱했다. 그들은 말뿐 아니라 다른 방법으로도 그를 모욕했다.

유대인 여자가 메신저를 독살하려 하다

메디나의 유대인들은 무함마드를 제거해야 할 위험인물로 보기 시작했다.[2] 그를 살해하려는 시도 가운데 가장 잘 알려진 것은 한 유대인 여자의 독살기도 사건이었다.

나의 어린 시절에 쉐이크는 우리에게 이 이야기를 들려주는 것을 좋아하셨다. 그분은 꽤 많은 부분을 각색하여 이야기를 더욱 흥미진진하게 만들어 들려 주시곤 하셨다. 하지만 나는 이슬람 역사에 기록된 대로 이야기를 전할 것이다.

무함마드가 처음에는 메디나의 유대인들을 말로 설득하려 했다는 사실을 기억해라. 그는 유대인들과 친밀한 관계를 가졌다. 그가

---

2. 무함마드를 표적으로 삼아 죽일려고 처음 시도한 것은 유대인들이 아니며 그이전에 메디나의 우상숭배자들이 이미 무함마드를 죽이려는 시도를 했었다.

그들과 식사를 하는 것은 이례적인 일이 아니었다. 무함마드는 자이넵(Zaineb)이라는 유대인 여자가 준비하는 식사에 초대되었다.

자이넵은 양고기 바베큐를 준비했다. 그녀는 양고기 전체에 골고루 독을 발랐고 무함마드가 양의 어깨살 부위를 제일 좋아한다는 사실을 알고 있었기 때문에 특히 어깨 부위에 더 많은 독을 발랐다.

그녀는 무함마드와 그의 친구에게 고기를 내왔다. 무함마드는 어깨살을 집어 들고 먹기 시작했다. 그런데 고기에서 뭔가 이상한 맛이 났기 때문에 얼른 뱉어냈다. 반면에 그의 친구는 고기를 맛있어 하며 다 먹었다. 그는 나중에 온몸에 독이 퍼져 죽었다.

무함마드는 자이넵에게 굉장히 화가 났고 자신의 추종자들 중 한 명을 시켜서 그녀를 살해했다. 무함마드는 남은 생애 기간동안 몸이 편치 않았던 것은 그때 먹은 독 때문이라고 믿었다. 병으로 죽어갈 때 무함마드는 독 묻은 양고기를 먹고 죽은 친구의 여동생이 방문한 것을 보고 그녀에게 이렇게 말했다. "옴바시르(Ombasheer)여, 지금 네가 보고 있는 나의 병은 오래전에 네 오빠와 함께 먹은 그 독이 묻어 있었던 양고기 때문이란다.[3]

무슬림들에게 이 사건은 유대인들이 무함마드를 얼마나 증오했고 질시했으며 그를 없애고 싶어 했는가를 보여주는 증거가 된다. 그들에게 이 사건은 유대인들이 알라의 메신저들을 얼마나 싫어했는지를 보여주었을 뿐 아니라 알라께서 무함마드를 어떻게 보호 했는지를 보

---

3. 이븐 후샴(Ibn Husham), 『메신저 평전(The Biography of the Prophet)』, 2권』(이집트 카이로: 알 막타바 앗 쌀라피야 Al-Maktabah As-Salafiya), 308~309p.

여주는 예화가 되었던 것이다. 무슬림들은 사건이나 사물을 유대인들의 관점에서 보려고 하지 않았다. 그들은 유대인들이 이슬람을 거부한 후에 무함마드에게서 위협을 느꼈기 때문에 스스로를 보호하길 원한다는 점을 고려하지 않는다. 무슬림들은 그저 유대인들을 아주 비열하고 사악한 사람들이라고 생각한다.

메디나로 온 지 1년이 지났지만 무함마드가 개종시킨 유대인은
소수에 불과했다. 유대인들 대다수는 무함마드를 전적으로 부인했
다. 꾸란에는 이렇게 나와 있다.

> 알라께서는 그들의 불신앙을 저주했다. 그들 가운데 믿는 자는 소
> 수였다. - 꾸란 4:46, 26:196~197 비교 참조

다음 몇 페이지에 걸쳐 우리는 무함마드가 유대인들의 거부에 대
해 어떻게 반응했는지 살펴볼 것이다.

유대인들에 관한 계시가 더 많이 내려졌는데 이 계시에서는 유대
인들에 대한 이전의 우호적인 표현을 찾아 볼 수 없다. 유대인들에
대한 꾸란의 다섯 가지 우호적인 주장이 어떻게 번복되었는지 구체
적으로 살펴보도록 하자.

그런 다음 유대인들이 이슬람의 교리를 부인하기 위해 구약성경 내용을 변경했다는 무슬림들의 주장에 대해 상세히 살펴보자.

1. 유대인들이 율법을 위반했기 때문에 알라께서는 그들을 저주했다.

이스라엘의 자손 가운데 믿지 않는 자들은 다윗이나 마리아의 아들 예수의 구설에 의해 저주를 받았다. 이는 그들이 (알라와 알라의 메신저에게) 반항하고 율법을 어겼기 때문이다. - 꾸란 5:78

이전의 초기 계시에서는 '유대인은 하나님에 의해 선택된 민족'이라고 했다. - 꾸란 2:47

2. 알라께서는 죄를 지은 유대인들을 원숭이와 돼지로 바꿔 버리셨다.

그들(유대인들)이 금지된 짓을 했을 때, 우리는 그들에게 '원숭이가 되어 멸시와 냉대를 받거라.' 하고 말했다. - 꾸란 7:166

알라께서 내리시는 응보 중에 그것보다 더 나쁜 것을 그대에게 알려줄까? 알라의 저주와 분노를 불러 일으킨 그들(유대인들) 가운데 일부를 알라께서 원숭이와 돼지로 바꿔 버리셨다. - 꾸란 5:60

그리고 너희는 우리가 너희(이스라엘의 자손) 가운데 안식일(토요일)을 지키지 않는 자들에게 '원숭이가 되어 멸시와 냉대를 받아라.' 라고

말한 것을 알고 있다. - 꾸란 2:65

무슬림들은 유대인들이 글자 그대로 동물로 변했다고 해석했다.[1]
하지만 꾸란이나 이슬람 역사에는 다음의 기본적인 질문에 대한 답
이 나와 있지 않다.

1) 알라는 언제 유대인을 원숭이와 돼지로 바꿨나?

2) 알라는 어디에서 유대인을 원숭이와 돼지로 바꿨나?

3) 알라는 유대민족 전체에게 이런 벌을 내렸나, 아니면 일부에게
   만 내렸나?

나는 유대인들이 그들의 역사에서 이같은 일을 겪었다는 증거를
아직까지 발견하지 못했다. 이전의 계시는 유대인을 동물로 바꾸는
벌을 내리는 알라가 아닌 유대인을 보호하는 알라에 대해 말하고
있다.

*3. 유대인들이 선지자(사도)들을 죽였기 때문에 알라는 유대인들
   을 비난했다.*

   너희가 정말 교인이었다면 왜 알라의 선지자들을 죽였느냐?

   - 꾸란 2:91

---

1. 이 이야기는 꾸란뿐 아니라 『꾸란 해설서』, 『이슬람의 메신저를 논한 책』, 『이슬람 역사책』 등에
   도 수록되어 있다.

우리는 이스라엘 자손들의 약속을 믿고 그들에게 선지자들을 보냈
다. 선지자가 전하는 말이 마음에 들지 않을 때마다 그들은 어떤 선지
자(사도)에게는 거짓말쟁이라 하고 또 어떤 선지자는 죽이기까지 했다.
그들은 이런 행동에 대해 아무런 시련이나 처벌이 없을 거라고 생각
했지만, 그들은 그 벌로 눈이 멀고 귀가 들리지 않게 되었다.

- 꾸란 5:70~71

이전의 계시는 알라의 모든 선지자들이 유대인들에게서 나왔다며
유대인들을 칭찬했다.

4. 이슬람은 최종적인 종교이며 꾸란은 마지막 경전이므로 유대
인들과 기독교인들은 이슬람으로 개종해야 한다.
알라께서는 이슬람 이외의 종교를 구하는 자는 누구도 받아들이지
않으신다. 그런 자는 내세에서 실패자가 될 것이다. - 꾸란 3:85

이전의 계시에서는 유대인들과 기독교인들은 신을 믿고 좋은 일
만 하면 된다고 했다 즉, 이들은 이슬람으로 개종할 필요가 없었다.

5. 유대인들이 성경을 변조했다.
새로이 내려진 계시는 유대인들이 성경를 변조하고 무함마드와
관련된 부분을 빼 버렸다고 비난했다.
그들(유대인 랍비들) 중 일부는 알라의 말씀(토라)을 들은 다음, 그것을
이해한 후, 고의로 그 내용을 변조했다. - 꾸란 2:75, 76~79 비교 참조

> 그들(유대인들)은 성경의 올바른 뜻을 오해하여 말씀을 마음대로 바
> 꾸고, 말씀의 상당한 좋은 부분을 취소해 버렸다. - 꾸란 5:13

이전의 계시는 유대인들과 기독교인들에게 성경의 가르침을 실천
할 것을 격려했다.

성경의 변조

성경의 변조에 대해 몇 가지 더 말할 것이 있다. 성경을 변조했다
는 이 믿음은 성경에 무함마드에 대한 구절이 거의 없는 이유와 성경
과 꾸란에 양립할 수 없는 부분이 있는 이유를 설명해 주기 때문에
무슬림들에게 아주 중요하다.

하지만, 성경이 변조되었다는 주장은 수많은 의문을 낳는다. 변조
되지 않은 원본은 어디에 있는가? 무슬림들은 "원본은 소실되었다."
라고 대답한다. 그들에겐 원본에 뭐라고 적혀 있는지 보여줄 증거가
없다.

그들은 성경이 언제 변조되었는지도 말하지 못한다. 무함마드가
태어나기 오래 전의 일이라고만 말할 뿐이다. 그들은 성경을 변조한
사람이 누구인지 또는 어느 부분을 바꿨는지도 말하지 못한다. 아무
런 증거가 없다.

무슬림 학자들은 기독교인들이 신약성경에서 무함마드가 잘못 예
측한 부분을 빼버렸다는 주장을 이론화했다. 그들은 또 기독교인들
이 삼위일체설과 예수님이 하나님의 아들이라는 것 예수님이 십자

가에 못 박혀서 돌아가시고 예수의 보혈로 우리가 구원을 받았다는 내용을 추가했다고 말한다.

구약성경의 경우에는 유대인들이 자신의 평판에 해를 입히는 부분 특히 선지자(사도)들을 죽이는 부분과 벌을 받아 원숭이와 돼지로 변하는 부분을 빼버렸다고 그들은 주장한다. 이외에도 무슬림 학자들은 꾸란과 구약성경의 이야기들이 서로 다른 이유는 유대인들이 성경을 변조했기 때문이라고 주장한다.

무슬림 학자들의 말에 의하면 마지막 메신저 무함마드에 관한 몇 구절은 구약 및 신약성경에 아직도 남아 있다고 한다. 내가 무슬림이었을 때 나는 이 구절에 관해 들은 적은 있지만 성경에서 읽어본 적은 없었다. 꾸란의 해석을 전공한 사람만이 읽을 수 있었다(내 전공은 이슬람 문화와 역사였다). 이 구절을 읽어보고 싶은 사람은 부록 C를 참조하라. 유대교나 기독교에 정통한 사람들은 무슬림 학자들이 이 구절을 잘못 해석했다는 사실을 금방 알아낼 것이다.

결론

이 장에서는 유대인들에 대한 우호적인 구절이 어떤 식으로 취소되었는지 살펴보았다. 아울러 유대인들과 기독교인들이 성경을 변조했기 때문에 알라께서 꾸란을 새로이 내려주셨다는 무슬림의 주장에 대해서도 알아보았다.

다음 장에서는 꾸란이 유대인들에 반대하는 이런 주장을 어떤 식으로 계속 확장해 가는지 살펴볼 것이다.

무함마드는 유대인들을 원수로 판단했다. 새로운 꾸란의 계시는 유대인들에 반하는 수많은 증거를 제공하고 있다.

꾸란의 다음 구절들은 유대인들에 대한 이슬람 세계에 상당한 증오의 토대가 되었다.

1. 꾸란에 의하면 유대인들은 이슬람 최대의 적이라고 한다.

믿는 자(무슬림)에 대해 가장 강한 적의를 가지고 있는 사람들은 유대인들과 우상숭배자들, 다신교도 등 알라의 유일하심을 믿지 않는 자들이라는 사실을 그대는 알게 되었다. - 꾸란 5:82

이 구절은 유대인들과 우상 숭배자에 대해 말하고 있다. 우상 숭배자들은 이내 이슬람으로 개종했기 때문에 무함마드에게 그다지 큰 위협이 되지 않았으나 유대인들은 끈질기게 개종을 거부했기 때문에 이슬람의 최대의 적이 되었다.

2. 꾸란에 의하면 유대인들은 무슬림들을 좋아하지 않으며 무슬림들이 유대교로 개종한 후에야 좋아할 것이라고 한다.

유대인들과 기독교인들은 그대(무함마드)가 그들의 종교를 믿게 될 때 에야 비로소 만족할 것이다. - 꾸란 2:120

3. 꾸란에는 유대인들이 전쟁을 일으키고 세상에 말썽을 일으키는 존재로 기술되어 있다.

그들(유대인들)은 '부활의 날(최후의 심판 날: Day of Resurrection)'까지 적의와 증오를 거두지 않을 것이다. 그들이 전쟁에 불을 붙일 때마다 알라께서는 불을 끄셨다. 그리고 그들은 이 세상에 온갖 말썽을 일으킨다. - 꾸란 5:64, 5:67 비교참조

유대인들이 모든 전쟁의 배후세력이라는 생각은 이슬람세계에 널리 받아들여졌다. 하마스 서약에서 발췌한 다음 문구를 보면 그것을 알 수 있다. 하마스는 이스라엘에서의 무수한 자살폭탄 테러를 후원하는 이슬람 지하드 단체이다.

그들(유대인)은 제1차 세계대전의 배후세력이었다… 그리고 국제연맹을 조직하여 그 기구를 통해 세계를 조종하려 했다. 제2차 세계대전이 일어났을 때에도 그들이 배후 세력이었으며 이 전쟁을 통해 그들은 어마어마한 경제적 이익을 얻었다… 현재 일어나고 있는 전쟁 가운데 그들이 개입되지 않은 것은 거의 없

다. - 하마스 서약 제22조

4. 꾸란은 하나님에게 아들이 있다고 주장하는 유대인들과 기독
   교인들을 비난한다. 꾸란에 의하면 유대인들은 하나님의 아들
   을 '에즈라'라고 부른다고 한다. 하지만 이는 사실이 아니다.

   유대인들은 에즈라가 하나님의 아들이라 말하고 기독교인들은 예
   수가 하나님의 아들이라고 주장한다. 이것은 지난날 믿지 않은 자들
   의 말과 비슷하다. 알라의 저주가 그들에게 내릴 것이다! 그들은 얼마
   나 진실과 다른 곳에서 헤매고 있는가! - 꾸란 9:30, 5:73, 4:159 비교참조

5. 꾸란은 스스로를 하나님의 아들이라고 주장하는 유대인들과
   기독교인들을 비난 한다. 이슬람에서는 '내가 신의 자손'이
   라고 말하는 것을 알라를 모독하는 행위로 여긴다.

   유대인들과 기독교인들은 "우리는 하나님의 자손이고 하나님의 총
   애를 받는다"라고 말한다. 그러면 이렇게 말하라. "왜 하나님께서는
   너희의 죄를 벌하셨는가? 너희는 하나님의 자손이 아니라 알라가 창
   조하신 인간에 불과하다." - 꾸란 5:18

6. 꾸란에 의하면 유대인들은 알라가 빈약한 손을 가지고 있다
   고 비난했기 때문에 저주를 받았다고 한다.

   유대인들은 "알라의 손은 묶여 있다(즉, 관대하게 베풀지 않는다)."라고
   말한다. 그들의 손을 붙들어 매어 그들이 발설한 말을 자신의 저주로
   되돌아오게 하라. - 꾸란 5:64

7. 꾸란에 의하면 유대인들은 현세의 삶을 사랑하기 때문에 영원한 것을 돌보지 않는다고 한다.

그들(유대인들)은 모든 인류 가운데서 가장 탐욕스런 사람들이다. 그들은 천년 동안 장수하기를 원한다. 하지만 이 바램이 이루어진다 해도 받아야 할 벌은 조금도 감면되지 않을 것이다. - 꾸란 2:96

이슬람의 관점에서 볼 때 사람이 할 수 있는 가장 나쁜 행동 가운데 하나는 영원을 잊어버리고 현세의 삶에만 관심을 집중하는 것이다.

8. 꾸란에 의하면 유대인들은 자기들이 메시아(예수그리스도)를 죽인 자들이라고 주장한다고 한다.

이 비난은 앞뒤가 맞지 않는다. 유대인들은 아직 메시아가 오지 않았다고 믿는다. 그러므로 유대인들이 메시아를 죽였다고 주장할 리는 만무하다.

유대인들은 "우리가 하나님의 메시아이자 마리아의 아들, 구세주 예수 그리스도를 죽였다."(하지만 그들은 예수를 죽이지도 않았고 십자가에 매달지도 않았다. 그렇게 보인 것에 불과하다. 그들은 그저 예수와 비슷하게 생긴 사내를 죽인 것뿐이다)라고 자랑스럽게 말하기 때문에… - 꾸란 4:157

이 구절은 꾸란의 타당성 결여를 단적으로 보여준다. 이 구절은 유대인들과 기독교인들에 대한 거짓말로서 유대인들이 예수를 메시아로 인정했다는 허위 사실을 제시하고 있으며 진짜 예수님이 십자가에 못 박혀 돌아가셨다는 사실을 부인하고 있다.

결론

위의 주장에서 보듯이 꾸란은 유대인들은 더 이상 하나님의 선택된 민족이 아니라고 결론지었다(꾸란 3:110). 이슬람을 믿는 자들이야말로 유일하고 진실한 종교를 보호할 책임을 지닌 선택된 사람들이라고 했다.

유대인들에 대한 꾸란의 내용은 차츰 공격적이고 적대적이 되었다. 다음 장에서는 이런 적대적인 계시들이 하나둘 늘어나다가 결국 무함마드가 아라비아의 모든 유대인들에게 전쟁을 선포하기에 이르는 과정을 살펴볼 것이다.

이슬람과 유대인,
그 끝나지 않은 전쟁

무함마드와 유대인들간의 관계는 멀어진 두 친구의 관계에 비유할 수 있다. 두명의 친구 중 한 친구는 자기가 기대한 일을 다른 친구가 해주지 않자 감정이 크게 상한 나머지 전에 자기가 그 친구에 했던 좋은 일들은 모두 잊은 채 서운했던 일만을 생각하며 옛 친구를 헐뜯는 격이다.

내 생각에 메카나 메디나의 기독교인들과 유대인들이 이슬람으로 개종했다면 지하드는 일어나지 않았을 것이다. 기독교인들과 유대인들이 무함마드의 계시를 받아들였다면 무함마드는 계속해서 설득을 통해 포교하는 전략을 유지했을 것이다.

하지만 유대인들의 강력한 거부로 인해 무함마드는 자기는 적들로 에워 싸여 있다고 느꼈고 자기 자신과 이슬람의 계시를 보호해야 한다고 생각했다. 처음에는 정당방위의 목적으로 힘을 집결했지만 후에는 그 목적이 계시를 거부하는 사람들을 강제로 복종시키는 것이 되었다.

유대인 거부하기

메디나의 유대인들에게서 거부당하자 무함마드의 좌절감은 점점 커져갔다. 결국 무함마드는 무슬림들에게 유대인들과 친하게 지내지 말라고 경고하는 계시를 받기에 이른다.

오, 믿는 자들이여! 알라의 분노를 일으키는 자들(유대인들)을 친구로 받아들이지 말라. 틀림없이, 그들은 내세에서 어떠한 은총도 받기를 단념했다. - 꾸란 60:13

전에는 무함마드는 추종자들에게 예루살렘을 향해 기도하라고 가르쳤다. 624년 1월이 되자 그는 방향을 바꿔 메카를 향해 기도하라고 했다. 꾸란에는 이렇게 기록되어 있다.

(기도할 때에는) 그대가 어디에서 왔건(메카의) 알 마스지드 알 하람(Al Masjid Al Haram : 모스크-편집자주)이 있는 방향으로 얼굴을 돌려라. 진실로, 이것은 알라께서 내리신 진리다. 그리고 알라께서는 너희가 어떻게 행동하는지 다 알고 계신다. - 꾸란 2:149

그러니까 이 구절은 무슬림들은 기도할 때 카아바(아라비아 반도에 살던 여러 종족들이 섬기던 약 360여개의 우상을 모셔놓은 신전이었으며 이슬람이 이곳을 점령한 후 알라를 제외한 모든우상들을 깨뜨려 버리고 오직 알라의 신전으로 선포하였다 - 편집자주)가 있는 메카의 신성한 모스크를 향해야 한다고 지시하는 것이다.

유대인 위협하기

무함마드의 좌절감이 점점 커짐에 따라 그는 유대인들과 기독교인들을 무슬림으로 개종시키기 위해 그들에게 가혹한 위협을 가하기 시작했다. 여기에 그 위협 가운데 하나를 예로 제시한다.

오, 성경의 백성들(유대인과 기독교인)이여! 우리가(무함마드에게) 내린 계시를 곧 너희가 알고 있는 바를 확고히 해주는 그 계시를 믿으라. 그렇지 않으면 우리는 너희 얼굴을 눈, 코, 입이 없는 뒷목처럼 만들어버리거나 우리가 안식일을 어긴 자들을 저주한 것과 동일한 방식으로 그들을 저주할 것이라. 알라의 명령은 때를 가리지 않고 집행되리라. - 꾸란 4:47

칼의 구절 선언

마침내 무함마드는 이슬람을 받아들이지 않는 자들(특히 유대인과 기독교인)과 무슬림들 사이의 마지막 장면을 보여주는 새로운 계시를 받았다.[1] 이로써 세계는 '칼의 구절(the verse of the sword)'이라고 불리는

---

1. 꾸란 해설서 『꾸란의 그늘에서(In the Shadow of the Quran)』, 싸이드 꾸틉 Sayyid Qutb지음 (이집트 카이로와 레바논의 베이루트에서 출간: Dar el shorouk International)

계시를 듣게 된다.

> 어디에서든 이도교(Mushrikun)를 발견하면 그들을 붙잡아라, 포위하
> 라, 죽여라. 그리고 모든 매복 장소에서 기다려라. 하지만 그들이 회
> 개하고 하루 다섯번의 기도와 자선을 실행하면 그들을 풀어주어라.
> 진실로, 알라는 흔히 용서를 베푸시고 가장 관대하신 분이시다.
>
> – 꾸란 9:5

이 구절은 무슬림들에게 명령한다. 지구상의 온갖 이교도는 물론
모든 유대인들 앞으로 나가 그들을 복종시키라고 말이다. 여기서 '복
종'이 의미하는 것은 이슬람으로 개종하고 무함마드를 알라의 메신
저로 받아들이거나 자신의 신앙을 유지하는 데 대한 벌금을 내는 것
이다. 만약 이를 거부한다면 칼로 그의 목을 칠 것이라고 위협한다.

우리는 이 구절이 특히 유대인들과 기독교인들에 초점을 맞춘 것
임을 이슬람 역사를 통해 알고 있다.

왜냐하면 무함마드가 메카 침략에 성공한 후 우상숭배자들 대부
분은 이슬람을 이미 받아들인 상태였다. 우상숭배자들은 자기가 믿
는 우상이 목숨과 맞바꿀 만큼 중요하다고는 생각지 않았다. 하지
만 유대교인들과 기독교인들은 여전히 자신들의 신앙을 고수하고
있었다.

당시 기독교인들은 소수에 불과했고 기독교의 순수한 형식을 준
수하지 않았음을 기억하자. 하지만 유대인들은 무함마드가 정복하
고 싶은 대상이었다. 그들은 많은 재산을 소유하고 있었고 무함마드
의 설교 내용에 공공연히 공박하고 반대하며 무함마드의 적들과 연

대하려 하고 있었다.칼의 구절 이후 이슬람을 믿지 않거나 벌금을 내지 않는 자를 죽이는 것은 무슬림의 의무가 되었다. 부유한 유대인들은 유대교를 따르는데에 대한 벌금을 낼 수 있었지만 가난한 유대인들 가운데에는 벌금을 낼 수 없으면서도 이슬람으로 개종하기를 거부해서 죽임을 당하는 사람들도 있었다.

알라는 유대인들과 싸울 것이다

꾸란에서 알라는 무슬림을 이용해 유대인들을 처벌할 것이라고 했다. 무슬림은 이런 방식으로 알라를 숭배하고 동시에 자기 자신의 마음을 치유하는 경험을 하게 될 것이다.

> 알라가 너희의 손을 빌려 그들을 처벌할 수 있도록 그들과 싸워라. 그러면 알라가 너희에게 승리를 안겨주고 믿는 사람들의 가슴을 치유하여 그들(믿는 사람들)의 마음에서 화를 없애주실 것이다. 알라는 의지대로 회개를 받아들인다. 알라는 지혜롭고 전지전능하다. - 꾸란 9:14~15

오늘날에도 우리는 무슬림들이 이스라엘과 그 동맹국과 싸움으로써 이런 종류의 만족감을 경험하는 모습을 보게 된다. 팔레스타인을 비롯한 중동의 무슬림들은 2001년 9월 11일 테러사건이 일어나자 거리로 몰려나와 기쁨에 겨워 춤을 추었다.

이들은 이스라엘을 지지하는 사람들이 죽은 데 대해 평화와 만족을 느꼈다. 이 공격은 이스라엘 국가의 존재 때문에 무슬림들 마음에 쌓인 분노를 일시적으로 덜어주었다.

이슬람 이외의 모든 종교는 없어져야 한다.

> 알라 이외의 다른 신을 숭배하는 다신교와 불신앙이 더 이상 존재
> 하지 않을 때까지, 종교가 모두 유일신 알라로 귀의할 때까지 싸워라.
> 하지만 그들이 알라 이외의 다른 신을 숭배하기를 머춘다면, 알라는
> 틀림없이 그들이 하는 행동을 모두 알고 있을 것이다. - 꾸란 8:39

꾸란의 마지막 계시는 무슬림들에게 명령한다. 알라에게 복종하지 않는 종교는 어떤 것이든 파괴하라고 말이다. 그래서 유대인들과 기독교인들을 비롯한 여타 비 무슬림들을 죽이는 것이 무슬림들의 의무가 되었다. 무슬림들의 목표는 이슬람을 세계를 지배하는 유일한 종교로 만드는 것이다. 공격의 목표가 되지 않기 위한 유일한 방법은 알라 이외의 다른 신을 숭배하기를 멈추는 것이다.

결론

앞의 SECTION 4에서 여러분은 무함마드의 계시가 차츰 변화하는 것을 보았다. 처음에 무함마드의 계시는 유대인에게 우호적이었다. 그리고나서 계시는 이전의 우호적인 말을 상쇄하기 시작했다. 마침내 계시는 무슬림들에게 유대교인들을 거부하고 그들을 무력으로 개종시킬 것을 요구했다. 이 요구는 그저 허튼소리가 아니었다. 다음 장에서는 무함마드가 이 지역의 유대 부족들에게 어떤 짓을 했는지 살펴보도록 하자.

제17장

아라비아의 유대인 대학살

메디나에는 큰 유대인 부족(tribe)이 셋 있었고 이들은 모두 이슬람 메신저의 손에 의해 고통을 받았다. 나는 유대인들이 당한 일이 부당한 것이었다고 말할 수 있다. 하지만 나는 여러분 스스로가 그렇다는 것을 직접 느낄 수 있기를 바란다. 나는 여러분이 무함마드가 이슬람 역사에 남긴 행동을 정확히 파악하기를 바란다.

이 장에서는 세 가지의 주요 사건을 다룰 것이다.

- 한 유대인 마을에서 누군가가 무함마드를 암살하려다 실패한 사건이 있었는데, 이 유대인 마을 나이디르(Naydir)족에 가한 무함마드의 복수(625년)
- 메카사람들이 무함마드를 공격할 때 그들을 도와준 꾸라이자(Qurayzah)족 유대인들을 수백 명 살해한 사건(627년)
- 부근의 카이바르(Kaybar) 마을로 도망간 유대인들을 정복(628년)[1]

여기서 한 가지 중요한 사실을 지적하고 넘어가겠다. 여러분은 이제 무함마드의 행동에 대해 읽게 될 것이다. 그는 이슬람의 창시자이다. 이슬람 경전이 쓰인 후 그것을 다시 해석하려는 사람이 아니다. 그는 계시를 알라로부터 직접 받은 사람인 것이다. 다시 말해 그는 최상의 무슬림이다. 자, 그러면 이제부터 무함마드가 남긴 발자취를 살펴보도록 하자.

무대 세우기

상황을 제대로 이해하기 위해서는 무함마드가 그때까지 어떤 전쟁을 벌였는지 살펴 볼 필요가 있다.

무함마드가 메카를 떠난 후 메카의 어느 누구도 그를 추격하거나 그에게 해를 입히지 않았다. 그들은 무함마드가 떠나도록 내버려 두었다. 그런데 무함마드는 메카의 대상단이 시리아에서 돌아올 때 그들을 매복 공격했다. 이 공격은 그들에게 단지 사업상 손해를 입히는 것만이 아니었다. 이는 그들의 생존에 대한 공격이었다. 대상단은 1년에 두 번 외부로 나갔다. 돌아올 때에는 사람들의 생존에 필수적인 식량과 의복, 소금과 설탕 등을 싣고 왔다. 메카는 사막 안에 위치해 있었기 때문에 식량 생산량이 충분하지 않아서 교역에 의존해야 했다. 무함마드가 만일 이 대상단 공격에 성공했었다면 메카인들은 식

---

1. 624년에 메디나에서 쫓겨난 까이누꾸(Qaynuqu) 지파의 예화는 포함하지 않았다. 이 예화는 나이디르 지파에 일어난 사건과 비슷하다.

량 부족으로 심각한 고통을 겪었을 것이다.

그러나 무함마드의 계획을 미리 전해들은 메카의 대상단은 무함마드가 매복하여 기다리고 있는 장소를 다행히 피할 수 있었지만 메카인들은 무함마드를 처벌해야 한다고 결정했다. 메카측은 무함마드와 싸우기 위해 진군했고 두 진영은 바드르(Badr) 계곡에서 마주쳤다. 그런데 놀랍게도 무함마드와 그의 군대가 승리를 거두었다(바드르 전투, 624년). 이 전투로 무함마드는 아라비아에서 가장 강력한 지도자로 부상하기 시작했다.

나이디르 부족의 대추야자 나무를 모조리 베어내어 불사르다 (625년)

무함마드는 이 유대인 부족들에게 항상 적대적이었던 것은 아니다. 나이디르 사람 가운데 친한 사람이 몇명 있었고 가끔 그들의 집을 방문하기도 했다. 이슬람역사에 의하면 언젠가 무함마드가 이 마을의 유대인 친구집을 방문했을 때 한 유대인 사내가 그 집으로 다가와 커다란 돌을 던지며 무함마드를 죽이려고 했다.

무함마드는 전혀 다치지 않았다. 하지만 그는 그 사내가 행한 행동에 대한 계시를 받았다고 말하며 그 마을을 떠나 메디나로 돌아왔다. 그리고 무슨 일이 있었는지 무슬림들에게 말해주었다. 며칠 후 무함마드는 나이디르 부족을 정복하기 위해 지하드를 준비하라고 명령했다.[2]

무함마드와 그의 군대는 마을 사람들이 밖으로 나오게 하기 위해

6일밤 동안 마을을 포위했다. 이 유대마을 사람들은 전투에 대비하여 도시 곳곳에 지하 벙커를 만들어 두었다.[3] 무함마드는 그의 군사들에게 유대인들과 싸우는 대신 마을의 대추야자나무를 모두 베어내어 불태우라고 명령했다.

이 나무는 관상용이 아니었다. 대추야자나무는 이 부족의 생계수단 이었다.[4] 이 마을 사람들이 소리쳤다. "무함마드, 당신은 사람들에게 마을에 있는 나무를 태우는 것을 금지시켜 왔소. 그런데 왜 이런 짓을 하는 거요?"[5]

무슬림군인들 가운데 몇몇은 무함마드가 자신들에게 대추야자나무를 태우라고 명령하는 것을 못마땅하게 여겼다. 하지만 유대인들은 결국 항복했고 무함마드에게 자기들의 생필품(젖소, 낙타, 식량, 옷가지 등)을 가지고 마을을 떠나게 해달라고 요구했다. 무함마드는 이 제안에 동의했지만 무기류는 가지고 가지 못하게 했다.

이슬람역사에 의하면 이 사람들이 마을을 떠날 때 여자와 아이들은 노래를 부르고 손뼉을 치면서 시편을 읊었다고 한다.[6] 유대인들은 무함마드와 그의 부하들에게 자기들은 아직도 자신들의 하나님 – 아브라함과 이삭과 야곱의 하나님 – 을 따르고 있다는 것과 자신들의 신

---

2. 그 해에 우흐드(Uhud) 전투에서 나이디르 부족이 메카의 우상숭배자들과 협력했기 때문에 무함마드가 나이디르 부족을 공격했다고 주장하는 책들도 일부 있다. 유대인들은 메카 사람들을 조금 도와줬던 것 같다. 하지만 이슬람 역사에는 이를 뒷받침하는 증거가 많지 않다.

3. 역사학자 이븐 카티르(Ibn Kathir).

4. 『유대민족의 역사 아틀라스(A Historical Atlas of the Jewish People)』엘리 바르나비(Eli Barnavi) 편집(뉴욕:쇼켄 북스 Schocken Books, 1992), 74p.

5. 이븐 후샴(Ibn Husham), 2권 144p.

6. 이슬람 역사학자 이븐 이샥(Ibn Ishaq).

앙을 절대 포기하지 않을 것임을 알리고 싶었던 것이다. 이들은 메디나의 북쪽 카이바르라는 다른 유대인 마을로 갔다.

무함마드는 마을사람들의 돈을 전부 압수하여 자기 군사들에게 나누어 주었다.[7]

나중에 무함마드는 부하들에게 그들이 유대인들에게 한 행동을 보고 하늘에 계신 알라께서 무척 기뻐하셨다고 말했다. 알라는 이 사건에 대해 무함마드에게 꾸란 한 장(Surah)에 해당하는 계시를 내렸다. 이것이 꾸란 59장 소위 '집합(The Gathering)이다. 여기에는 대추야자나무를 태워 없애는 것에서부터 유대인을 추방하고 전리품을 나누는 것에 이르기까지 이 전투에 대한 자세한 내용이 언급되어 있다.

꾸라이자 부족의 학살(627년)

나이디르 부족이 화를 당한 후 여전히 그 지역에 거주하고 있던 꾸라이자 부족은 무함마드가 자신들의 삶에 당장은 아니더라도 언젠가는 위협을 가하게 될 것이라고 생각했다. 그들은 미래의 방어를 위해 메카 사람들과 힘을 합쳐 무함마드를 타도하려 했다.

한편 무함마드는 곧 그들이 공격해올 것이라는 정보를 듣고 친구들에게 조언을 구했다. 한 친구가 메디나 주위에 참호를 팔 것을 제안했고 무함마드는 이 제안대로 했다. 마침내 메카 군대가 쳐들어왔

---

7. 이븐 후샴(Ibn Husham), 2권 146p.

지만 참호를 건너지 못했다. 그들은 메디나를 향해 화살을 쏘았고 무함마드군대도 화살로 응대했다. 사실 이 전투는 아주 가벼운 전쟁이었다. 얼마 후 참호를 건널 수 없다고 판단한 메카군은 퇴각했다.

알라가 복수를 요구하다

이 전투 후 무함마드는 천사 가브리엘이 어느날 오후에 머리에 두건을 쓴 남자의 모습으로 노새를 타고 온 이야기를 했다. 가브리엘이 이렇게 물었다고 한다. "참호 전투에 무기를 놓고 왔느냐? 가서 칼을 갖고 와서 지하드를 계속하도록 하라. 알라의 천사들은 결코 칼을 치우지 않는다. 알라의 천사들은 언제든 그대와 동참할 준비가 되어 있다. 알라께서는 그대에게 꾸라이자 부족에게 가라고 명령하셨고 나는 그대보다 먼저 가서 그 마을을 흔들어 놓겠다."

그날의 세 번째 기도 시간이 거의 다 되었을 때 무함마드는 모스크로 가서 공표했다. "누구도 여기(메디나)에서 세 번째 기도를 드리지 마라. 우리는 꾸라이자 부족의 마을에서 세 번째 기도를 드리게 될 것이다." 이 말을 들은 모든 무슬림들은 그날 그들이 꾸라이자 부족을 공격할 것임을 알았다.[8]

무함마드는 알라께서 그를 도와 마지막 유대인 부족을 몰아내줄 거라고 믿었다. 그들이 그 마을에 도착한 후 무함마드가 자신의 군인

---

8. 알 타바리(Al Tabari) 『왕과 메신저들(*The King and the Prophets*)』.

들에게 물었다. "여기로 오는 길에 너희들 전방에 걸어가는 자가 보이지 않더냐?"

그들이 대답했다. "예, 데 하이야 알 칼비(De hayah Al Kalbi)라는 남자가 노새를 타고 가고 있었습니다." 실제로 이 사람은 메디나에 살고 있는 사람이었기 때문이 모두가 알아 보았던 것이다.

무함마드가 대답했다. "가브리엘 천사가 우리가 도착하기 전에 유대인들 마을을 흔들어놓고 유대인들의 마음에 공포를 집어 넣기 위해 이 남자의 모습을 하고 내려온 것이다."[9]

유대인, 항복했음에도 불구하고 학살당하다

무함마드와 그의 군대는 25일 동안 이 마을을 포위했다. 때문에 유대인들은 지칠대로 지친데다 무함마드가 그들 모두를 죽일까봐 두려웠다. 그들은 자기들이 항복할 때까지는 무함마드가 떠나지 않을 것임을 깨닫고 나이디르 사람들처럼 생필품을 가지고 마을을 떠나게 해달라는 요구와 함께 항복했다.

그러나 유대인들이 항복한 후 무함마드는 메디나의 다신교도 출신 개종자 집단의 지도자에게 그가 유대인들에게 어떻게 해야 하는지를 물었다. 이 남자가 대답했다. "내 판단으로는 남자들은 모두 죽이고 돈과 여자들과 아이들은 군인들에게 나누어주는 게 좋을 것 같

---

9. 이븐 후샴(Ibn Husham), 2권 193p.

소."

무함마드는 이에 동의했고 그 친구에게 말했다. "자네는 알라의 판단력으로 판단했소."[10]

무함마드는 메디나의 시장터로 가서 사람들에게 참호를 파라고 명령했다. 그리고나서 유대인 남자들에게 참호를 향해 들어갈 것을 명령했다.

유대인들은 걸어가면서 자신들의 부족장에게 물었다. "무함마드가 우리에게 하는 짓을 좀 보시오. 대체 우리를 어디로 끌고 가는 것 같소? 저들이 우리에게 무슨 짓을 할 거라고 생각하시오?"

부족장이 대답했다. "아마도 우리를 죽일 것 같소."

정말로 그가 말한 대로였다. 무함마드와 그의 부하들은 그날 8~9 백 명에 이르는 유대인 남자들을 죽였다.[11] 피를 흘려 빨리 죽게 하려고 칼로 목을 쳐서 죽이는 잔인한 방법을 택했다. 그런 다음 그들은 시체를 파놓은 참호에 묻었다. 친구의 조언 가운데 첫 부분을 실행한 무함마드는 두 번째 단계로 옮겼다.

여자들과 아이들을 노예로 팔다

이 전투로 돈과 여자들과 아이들을 얻은 무함마드는 20퍼센트를 자신의 몫으로 가지고 나머지는 군인들에게 나누어 주었다. 이슬람 역

---

10. 같은 책 201p.
11. 같은 책.

사에는 말을 가지고 있지 않은 군인은 한 사람 몫의 할당을 받았고, 말 한 마리를 가지고 있는 군인은 세 사람 몫의 할당을 받았다고 기록되어 있다.[12]

또한 전리품에서 할당받은 자신의 몫을 어떻게 사용했는지에 대해서도 기술되어 있다. 군인들은 받은 돈과 여자들과 아이들을 인근 도시로 데리고 가서 말과 칼 같은 물품과 교환했다. 유대인 여자들과 아이들은 더 많은 전쟁 무기를 사기 위한 재물에 불과했다.

우리가 알게 된 것

무함마드가 유대인들 사이에 벌어진 이 전쟁들을 통해 우리는 어떤 사실들을 알게 되었는가?

- 무함마드가 먼저 공격했다. 그가 메디나로 떠난 후 메카 사람들은 그를 그냥 내버려 두었다. 무함마드는 메카의 대상단을 매복 공격함으로써 싸움과 보복을 시작했다.
- 유대인들은 정당방위 차원에서 행동했다. 이들은 어느 누구에게서도 돈이나 영토나 집을 빼앗으려 하지 않았다. 그저 자기들이 가지고 있는 것을 지키려고 했을 뿐이다.
- 무함마드는 유대인을 공격할 때 알라가 도와줄 것이라고 믿었다. 이들 공격 이후 이 지역에서는 소수의 유대인들만이 카이바르 남

---

12. 같은 책 205p.

쪽 마을에서 살고 있었다. 이들은 메디나에서 추방당한 후에 이주해 온 사람들이었다. 이듬해 무함마드는 이들에게 눈을 돌렸다.

카이바르 마을에서 유대인을 쫓아내다(628년)

무함마드와 그의 군대는 밤에 카이바르에 당도했다. 무함마드는 부하들에게 마을을 포위하라고 명령했다. 그날 밤 그는 군인들에게 "내일 아침 나는 이 전투의 지휘권을 알라와 그의 메신저를 사랑하고 알라와 그의 메신저에게 사랑을 받는 자에게 줄 것이다."라고 말했다. 군인들 모두 무함마드가 자기를 불러주기를 고대하고 있었다. 이튿날 아침 무함마드는 그의 사촌 알리 이븐 탈립(Ali Ibn Talib)에게 전투 지휘권을 주어 군대를 이끌도록 했다.

이른 아침 농장에 가려고 집을 나서던 유대인 농부들은 무함마드와 그의 군대가 자신의 도시를 에워싸고 있는 것을 보고는 "무함마드와 그의 군대다! 무함마드와 그의 군대다!"라고 외치며 마을 사람들에게 경고를 알렸다. 이 소리를 들은 무함마드는 이렇게 말했다. "알라는 위대하다! 우리가 이 땅에 들어선 순간 카이바르는 망했다. 오늘 아침은 이곳 주민들에게 슬픈 아침이 될 것이다."[13]

싸울 수 있는 유대인들은 마을을 지키기 위해 칼을 들고 나왔다. 이 마을에서 가장 힘센 투사가 알리에게로 가서 그 앞에 버티어 섰

---

13. 같은 책 299p.

다. 그는 알리에게 일대일로 싸우자고 했다. 두 군대가 대적할 때 군대와 군대가 맞붙어 싸우는 대신 각 진영에서 가장 용맹한 전사를 하나씩 보내어 서로 싸우게 하는 전통이 있었다. 이 결투에서 이긴 전사는 자신의 진영에 승리를 선언하곤 했다. 성경에 나와 있는 다윗과 골리앗의 결투처럼 말이다. 알리와 유대인 남자가 싸웠고, 알리가 싸움에 이겨 유대인 남자를 죽였다. 이 패배는 카이바르 측이 더 이상 방어할 수 없다는 것을 뜻했다. 무슬림들은 마을을 공격했고 이에 마을 사람들은 항복했다.

무슬림들은 카이바르에서 많은 전리품을 획득했다. 그들은 기쁨에 들떠 "오, 승리자여, 오, 승리자여, 죽이고 또 죽여라."라고 외치며 자축했다.

유대인 노예 선택

카이바르가 함락된 후 메신저 무함마드는 젊은 유대인 여자 둘(한번에 한 명씩)을 데리고 죽은 유대인 시체 앞을 걸어갔다. 첫 번째 여자는 눈과 얼굴을 가리며 울기 시작했다. 그 여자는 몹시 괴로워하며 땅에서 흙을 집어 자신의 얼굴에 뿌렸다. 무함마드는 그 여자의 이런 행동을 보고 부하들에게 "당장 이 사탄의 여자를 데리고 가라."하고 소리쳤다. 그런다음 무함마드는 두 번째 여자와 함께 유대인 시체 앞을 지나갔다. 소피아라는 이름의 이 여자는 조용했다. 무함마드는 자신의 옷을 이 여자에게 둘러 부하들이 이 여자가 자신의 노예라는 것을 식별할 수 있게 했다.[14]

무함마드는 유대교에 한 치의 관용도 베풀지 않았다

카이바르와의 전투가 끝나자 무함마드는 전리품을 군인들에게 나눠주었다. 그런 다음 그들에게 아주 의미심장한 말을 했다. "앞으로는 아라비아에 두 개의 종교를 허용하지 않을 것이다."라고 선언한 것이다.[15]

무슬림들은 지금까지 이 말을 충실히 실천해왔다. 아라비아에는 이슬람에 도전할 만한 다른 어떤 종교나 신앙도 없다. 사우디아라비아 어디에서도 유대교 회당은 보이지 않는다. 1천 4백년 전의 이런 상황은 지금까지 변함없이 유지되고 있다. 사우디아라비아에는 유대교인이 한 명도 없다. 이는 사우디아라비아가 얼마나 철저히 이슬람의 율법을 따르고 무함마드의 말을 실천하고 있는지 여실히 보여준다.

그로부터 1년쯤 후 무함마드는 모스크에서 설교할 때 의미심장한 말을 또 남겼다. 그는 아라비아에서 유대교 공동체를 계속해서 없애나갈 작정이며 유대교인들과 유대교를 그 지역에서 깨끗이 몰아낼 것이라고 선언했다.[16]

결국 무함마드와 무슬림들은 이 목표를 달성하는데 성공했다. 무슬림들이 유대교인들을 죽이거나 시장에 노예로 팔고 일부를 개종시킨 결과 아라비아에서 유대교인 공동체는 사라졌다. 무함마드가 선언한 대로 아라비아에는 더 이상 두 가지 종교가 존재하지 않았다.

---

14. 같은 책 307p.
15. 같은 책 326p.
16. 『시작과 끝(The /beginning and the End)』 이븐 카티르(Ibn Kathir).

최후의 심판 날까지 유대교인들과 전쟁할 것이다

꾸란과 무함마드는 무슬림들에게 유대교인들과의 전쟁은 결코 끝이 없을 것이라고 아주 구체적으로 명시하고 있다.

대중적인 학자 카렌 암스트롱(세계적으로 유명한 학자이자 종교 문화 논평가이다. 7년간 카톨릭 수녀 생활을 한 특이한 이력을 지닌 그녀는 영국 옥스퍼드에서 영문학을 전공하였다. 기독교 뿐만 아니라 유대교, 이슬람, 불교에 이르기까지 종교와 문화에 대한 해박하면서도 편향되지 않은 시각을 견지한 베스트셀러 작가이다 - 편집자 주)은 이렇게 말했다. 무함마드는 '유대교인 전체에 적대적이었던 것이 아니라 단지 반항적인 세 부족에게만 적대적이었다.' 라고[17] 하디스에 수록된 무함마드의 의견에 비추어볼 때 암스트롱의 진술은 틀린 것이다.

무함마드는 무슬림들이 최후의 심판 날까지 유대인들과 전쟁을 하게 될 것이라고 말했다. 최후의 심판 날이 다가올 때까지 무슬림들은 단 한 명의 유대교인을 제외한 모든 유대교인들을 죽일 것이라고 했다. 이 단 한 명의 유대교인은 바위 뒤에 숨을 것이고 그 바위는 무슬림들에게 "내 뒤에 유대인이 숨어 있어요. 와서 그를 죽이세요." 라고 알려줄 것이라고 했다.[18]

무함마드는 그의 생전에 최후의 심판 날을 보게 될 것이라고는 기

---

17. 『이슬람 소사(*Islam : A Short History*)』 21p, 암스트롱 지음.
18. 알 부카리(Al Bukhari).

대하지 않았지만 가까운 미래에 최후의 심판이 있을 거라고 생각했다. 꾸란은 최후의 심판 날에 대해서 "시간이 다가왔다."라고 말하고 있다(꾸란 54:1). 따라서 최후의 심판 날이 올 때까지 헌신적인 무슬림들은 유대인들과 '끝없는 전쟁'을 할 것이다.

무슬림들, 전투에 참여하도록 동기를 부여하다

우리는 무함마드가 유대인들에게 커다란 원한을 가지고 있다는 것을 알고 있다. 하지만 그의 추종자들 역시 그처럼 원한을 가지고 있었을까? 내 생각에는 무함마드의 추종자들은 유대인에 대해 그다지 깊은 증오심을 가지고 있지 않았던 것 같다. 단지 지하드를 촉구하는 무함마드의 교리가 그들을 그렇게 행동하게 만들었던 것이다.

우선 무함마드는 그들이 승리를 하면 전리품을 주겠다고 약속했다. 유대인들을 정복하는 경우 참전군인들에게 풍부한 전리품이 제공되었다. 하지만 재물만으로는 충분하지 않다. 이는 무함마드의 군대가 메카인들과 벌인 우흐드(Uhud) 전투에서 패배했을 때 분명해졌다(625년). 이 전투에서는 교전 중에 수많은 무슬림 군인들이 죽음을 피하려고 줄행랑을 쳤다.

무함마드는 그들이 도망가지 않도록 방법을 강구할 필요를 느꼈다. 그는 이런 상황을 해결할 새로운 전략을 개발했다. 이 전략은 두 부분으로 이루어져 있다. 첫번째 부분은 전투 중에 도망가는 사람은 지옥 불에서 타게 될 것임을 알리는 것이다(꾸란 9:38~39, 41). 두번째 부분은 만일 그들이 전투를 하다 죽으면 그 즉시 천국으로 들어가서 일흔 명의 처녀들에게 영접을 받으며 마시고 싶은 모든 술을 마실 수 있다고 일러주는 것이다(꾸란 9:20~21, 55:56, 55:72, 47:15).[19]

꾸란에는 알라께서 무슬림, 특히 지하드를 하다 전사한 무슬림들을 위해 천국을 준비하고 있다는 내용이 한 장 전체에 상세히 기술되어 있다(꾸란 55 '가장 자비로운 분' 특히 72, 74, 76 참조). 이런 동기 유발 덕분에 무슬림들은 기꺼이 전투에 참여하여 이웃에 사는 유대교인들은 물론 이슬람에 복종하기를 거부하는 아라비아의 이교도들을 죽였다. 이 동기유발 방법은 오늘날까지 여전히 효과가 있다.

> 무슬림들이 지하드를 하다가 전사하면 하늘에서 내려온 여자 두 명이 그의 얼굴에서 먼지를 닦아주며 그에게 "알라께서 당신을 살해한 자를 죽이고 이 먼지를 그 자의 얼굴에 묻히실 것입니다."[20] 라고 말할 것이다. 즉 알라께서는 지하드에 참전 중인 무슬림들을 죽인 자에게 반드시 복수해주겠다고 약속하셨다는 것이다.

___

19. 하디스에 '일흔 명의 처녀' 라고 구체적인 숫자가 언급되었다.
20. 이븐 후샴(Ibn Husham) 2권 316p.

SECTION 5

끝나지 않은 전쟁

제3기 쫓겨나고 압제받은 유대인
(632~1898)

무슬림들, 무함마드가 남긴 전례를 계속 이어가다 제 18 장

무함마드는 아라비아에 사는 유대인들의 생활을 파괴했다. 타이

터스(예수님 사후 A.D. 70년 이스라엘은 여러 차례 로마에 대항하여 독립전쟁을 일으

키자, 로마의 타이터스 대장은 시리아군과 연합한 8만명의 군대를 이끌고 예루살렘을

침공했다. 아이를 밴 여자를 칼로 가르고 젖먹이를 어미 품에서 빼앗아 땅에 내동댕이

쳐 죽이는 잔인한 학살이 있었고 살아남은 자들은 로마의 포로가 되어 노예로 팔려 전

세계에 흩어지게 되었다. 그리고 성지 예루살렘은 그 때부터 이방인에게 짓밟히게 된

것이다. 이 전쟁으로 110만 명의 유대인이 죽임을 당했고 10만여 명이 포로로 잡혀갔다

– 편집자주)가 그랬던 것처럼 무함마드도 유대인들을 아라비아에서 강

제로 내쫓았다.

유대인들이 다른 나라로 흩어지고 난 후에도 무슬림은 그들을 추

격했다. 그들은 거듭 이슬람의 영향력 아래 옴짝달싹 못하는 처지에

놓이게 되었다. 이슬람군대가 나라를 지배할 때 이슬람 율법은 자동

제5부 쫓겨나고 압제받은 유대인(632~1898) 175
The Jews Scattered and Subdued(632~1898)

적으로 생활규범이 되었다.

이슬람 교리에 의하면 유대인들과 기독교인들은 세 가지 선택권을 가졌다. 이슬람으로 **개종하는 것**과 자신의 종교를 유지하는 대신 무슬림 정권에 **세금을 내는 것**, 그리고 **죽는 것**, 이중 하나를 택해야 했다.

한편 우상 숭배자에게는 세금을 내는 선택권이 주어지지 않았다. 그러니까 이들은 이슬람을 받아 들이든지 아니면 죽든지 둘 중 하나를 택해야 했다.

우마르 이븐 알 카탑(Umar ibn Al Kattab)이 통치할 때 무슬림이 '성경의 백성'이라 불리는 유대인들과 기독교인들을 어떻게 대해야 하는지에 대한 청사진이 완성되었다(사마리아인들도 유대교 의식 중 일부를 따랐기 때문에 성경의 백성에 포함되었음). 우마르는 무함마드와 함께 거닐고 대화를 나눴던 절친한 친구였다.

또한 우마르는 여러 하디스의 정보원이었고 자신의 딸 하프사를 무함마드의 아내로 주었다. 우마르는 무함마드 사후 4년 동안 정권을 잡았다. 여기서 눈여겨봐야 할 점은 우마르가 메신저 무함마드와 절친한 사이였다는 사실과 우마르는 무함마드가 살아 있었다면 적극 지지했을 방식으로 이슬람제국을 다스렸을 것이라는 것이다. 그렇기때문에 이 지침들은 아주 중요하다.

이 지침은 당대와 그 미래 세대에서 무슬림들과 무슬림 정권에 의해 준수될 목적으로 만들어졌다. 그러면 주제별로 정리한 이 지침들을 살펴보자.

성경의 백성들을 위한 지침

무슬림들에게 경의 표하기

- 성경의 백성은 무슬림들에게 어떠한 잘못도 범해서는 안되며 아울러 이슬람, 메신저 무함마드, 꾸란에 대해서도 어떠한 적의를 드러내서는 안 된다.
- 성경의 백성이 길가에 앉아 있을 때 무슬림이 지나가면 무슬림들에 대한 존경의 표시로 일어나야 한다.
- 성경의 백성이 길을 걸을 때 맞은편에서 무슬림들이 오고 있으면 방향을 돌려 다른 길로 가야 한다.
- 성경의 백성은 말들을 탈 수 없다. 그들은 당나귀들을 타야 한다. 하지만 무슬림들은 말들을 탈 수 있다.
- 성경의 백성은 당나귀들을 탈 때 옆으로 타야 한다. 무슬림들이 말을 탈 때처럼 한쪽에 다리 하나씩을 걸칠 수 없다.
- 성경의 백성은 무슬림의 집들보다 더 높은 집을 지어서는 안 된다. 집의 높이는 명예의 상징이었기 때문에 중요했다. 무슬림들은 언제나 비 무슬림들보다 높은 위치에 있어야 한다.
- 성경의 백성은 무슬림 여성과 결혼할 수 없다. 하지만 무슬림 남성은 원하는 경우 기독교인이나 유대인들 여성과 결혼할 수 있다.

무슬림들을 불쾌하게 하지 않기

- 성경의 백성은 무슬림들 앞에서 술을 마셔서는 안 된다. 자신

의 집에서는 술을 마실 수 있지만, 무슬림들의 눈이 미치는 곳에서 술 취한 모습을 보여서는 안된다.

- 기독교인들은 자기가 기르고 있는 돼지가 무슬림들의 눈에 띄지 않도록 해야 한다.
- 성경의 백성은 무슬림들의 눈에 보일지 모르는 낮에 시체를 묻어서는 안 된다. 밤에 조용히 관을 공동묘지로 가지고 가서 묻어야 한다. 무슬림이 보거나 들을 수 있는 공공장소에서 통곡을 해서는 안 된다.

종교 의식에 관하여

- 유대교 회당들이나 기독교 교회들에서는 그들의 목소리가 건물 밖까지 들리지 않도록 낮은 소리로 예배를 드려야 한다.
- 무슬림들은 성경의 백성이 자신들의 종교나 성축일 의식을 거행하는 것을 보거나 듣는 것을 싫어한다. 성경의 백성은 공공장소에서 의식을 거행할 수 없다.
- 성경의 백성은 무슬림들을 개종시키려고 해서는 안 된다.

법률, 정부, 군대

- 성경의 백성은 이슬람 정부의 고위직을 맡을 수 없다.
- 성경의 백성은 이슬람 군인이 될 수 없다.
- 성경의 백성은 무슬림과의 전쟁을 선포하는 자를 도울 수 없다.
- 성경의 백성은 무기를 휴대할 수 없다.
- 성경의 백성은 법정에서 무슬림에 반하는 증언을 할 수 없다.

■ 무슬림들은 성경의 백성들 때문에 죽임을 당할 수 없다. 다시 말해 무슬림이 유대인을 살해한 경우 그 죄에 대한 벌로 사형할 수 없다(하디스에 의하면 무함마드는 "무슬림들은 이교도 때문에 죽임을 당해서는 안 된다." 라고 말했다).

복장 규정

■ 성경의 백성은 무슬림들이 아니라는 것을 알아볼 수 있도록 특별한 색상의 의복을 착용해야 한다. 기독교인들은 파란색 옷을, 유대인들은 노란색 옷을, 사마리아인들은 붉은색 옷을 입어야 한다. 남성과 여성 모두 이 규칙을 따라야 한다.

■ 기독교인 여성은 허리에 허리띠(sash)를 둘러야 한다.

■ 기독교인 여성 및 유대인 여성은 양쪽 발에 다른 색상의 신발을 신어야 한다. 즉 왼쪽 신발은 오른쪽 신발과 다른 색상이어야 한다.

■ 기독교인들이 공공장소에 입장할 때에는 커다란 십자가를 목에 착용해야 한다. 이 십자가는 금속으로 만들어져야 하고 불편할 정도로 무거워야 한다. 약 9백그램 정도의 무게였을 것이다.[1]

---

1. 이 목록은 다음 출처에서 수집하여 작성된 것이다. 카심 아브도(Kasim Abdo), 『중세 이집트의 '성경의 백성'(People of the Book in Egypt During the Middle Ages)』(이집트 카이로: Dar Al Maerif, 1977) 26~27p, 알 타보리(Al Tabori), 『왕과 메신저의 역사(The History of the Kings and the Prophets)』(이집트 카이로, Dar Al Maerif), 이븐 카티르(Ibn Kathir), 『시작과 끝(The Beginning and the End)』(이집트 카이로: Al Maketaba As Salafiya).

이 규칙들의 저변에 흐르고 있는 생각은 성경의 백성은 마치 병균처럼 불결하고 더러운 이교도라는 것이다. 무슬림들이 이들과 접촉하는 일이 있어서는 안 되었다. 무슬림들이 유대인들보다 더 낮은 위치에 있어서도 안 되었다. 기독교인들과 유대인들 지도자는 이 규칙을 집행할 책임을 졌다.

이 지침을 위반하는 경우 죄인은 이슬람 법정에 끌려나와 어떤 벌을 받을 것인지 판결을 받아야 했다.

내가 가르쳤던 학생들의 반응

이집트에서 이슬람역사를 가르칠 때 나는 이런 정보를 학생들에게 제시했다. 그들은 비 무슬림들을 지배하기 위한 이런 지침을 듣고서도 전혀 불편한 기색이 없었다.

오히려 그들은 무함마드의 후계자들이 이교도에 대항해 더욱 분명한 태도로 이슬람을 지키기를 바랐다. 대부분의 학생들은 "우리의 지위가 얼마나 추락했는지 보세요. 현재 이집트에 사는 기독교인들은 이 규칙을 지키지 않고 있어요. 우리의 무슬림 지도자는 이슬람을 적극적으로 옹호할 만큼 충분히 강하지 못해요."라고 불평을 늘어놓았다. 그들은 과거의 모습이 현재에도 계속되기를 바랐다.

지침의 집행

이슬람세계의 두 번째 지도자인 우마르는 이 지침들을 집행했다.

우마르 이후의 지도자들도 이슬람을 믿었고 이 지침들을 충실히 집행했다. 간혹 지도자가 이 지침을 철저히 집행하지 않을 때에는 무슬림들이 직접 나서서 응징하곤 했다. 예를 들면

- 스페인에서 분노한 아랍인 군중들은 유대인들이 너무 많은 정치적 권력을 가지고 있다는 이유로 유대인들 5천명을 살해했다 (1066년).[2]

- 아랍 군중은 모로코 곳곳에서 수천 명의 유대인들을 학살했다 (1465년). 페즈시에서 살아남은 유대인은 단 11명 뿐이었다.

이 공격은 한 유대인 남성이 무슬림 여성에게 무례하게 굴었다는 소문에 의해 촉발되었다.[3]

여기에는 두 개의 사례밖에 제시하지 않았지만 이외에도 대량학살과 유대교 회당 파괴 그리고 이슬람으로 개종을 강요한 예를 숱하게 제시할 수 있다.[4]

무슬림 정권에서 행해진 최악의 유대인 박해는 996년에서 1301년 사이에 이집트에서 일어났다. 당시 이집트는 이슬람세계에서 권좌를 차지하고 있었다.

---

2. 마이클 바드르(Mitchell Badr), 『아랍/이슬람 국가에서의 유대인에 대한 처우(The Treatment of Jews in Arab/Islamic Countries)』 – 유대인 가상 도서관 www.us-israel.org에서 얻은 정보임 (2002년).

3. 같은 책.

4. 더 자세한 내용을 알고 싶으면 『바드르의 아랍/이슬람 국가에서의 유대인에 대한 처우』를 참조할 것.

1006년을 시작으로 이집트의 무슬림 지도자 술탄 알 하킴 베아메르 알라(Sultan Al Hakim Beamer Allah)는 유대인들과 기독교인들에게 이슬람을 받아들이든지 그렇지 않으면 이집트를 떠나라고 했다.

이때 수백만 명의 기독교인들이 이슬람으로 개종했다. 이 이집트 지도자는 남은 기독교인들과 유대인들에게서 돈과 재산을 모조리 빼앗았다.

그는 카이로의 유대인 공동체에 가서 집과 상점, 유대교 회당 할 것 없이 온 마을을 불태웠다. 그런 다음 그는 남은 유대인들을 모두 카이로의 남쪽 지역으로 추방했다.[5]

관용

유대인들과 기독교인들에게 관용을 베푼 무슬림들도 일부 있었다는 사실을 언급하지 않는다면 이 논쟁은 불완전할 것이다.

이들은 유대인들을 받아들이고 그들의 재능에서 이익을 취했다. 예를 들면

- 무함마드의 동료가 아니었던 사람으로서는 처음으로 칼리프에 오른 무아위야(Muawiya: 661~680년 재위)는 유대인들에게 관용을 베풀었고 그들을 '충실한 협력자'로 여겼다.[6]
- 유대인 은행가들은 이슬람문명의 바그다드에서 영향력이 있었

---

5. 아브도(Abdo), 『중세 이집트의 '성경의 백성'』 56p.
6. 『유대 민족의 역사 아틀라스』 81p.

다(880~930년).[7]

■ 스페인에서는 무슬림 정권이 여러 개의 소(小) 공국(公國)으로 분할되었는데 유대인 고위 인사에게 높은 직책을 허용하기도 했다(1031년).[8]

하지만 이렇게 행동한 무슬림들은 이슬람 교리와 메신저의 모범에 거슬러 행동한 것이었음을 기억해야 한다.

십자군전쟁은 무슬림들에게 유대인들에 대한 증오를 부채질했다.

무슬림들, 유대인들, 기독교인들 사이의 관계는 1099년 십자군전쟁의 발발로 또다시 악화되었다.

첫 번째, 십자군은 예루살렘을 점령하는 데 성공했다. 예루살렘이 함락되자 무슬림들 수천 명은 그들이 신성시하는 성전산(Temple Mount)에 위치한 알 아크사 모스크와 그 주위로 피신했으나 십자군은 여기까지 공격해 들어와 그들을 죽였다.

무슬림 역사가들에 의하면 군인들이 말을 타고 모스크 안을 휘젓고 다닐 때 모스크 바닥에 피가 얼마나 흥건했던지 말의 굽이 잠길 정도였다고 한다. 무슬림들은 십자군의 목적은 자신들을 기독교로 개종시키는 것이라고 믿었다.

---

7. 같은 책 83p.
8. 같은 책 93p.

꾸란에 그렇게 씌어 있었기 때문이었다.

유대인과 기독교인은 그대가 그들의 종교를 믿을 때까지 만족하지
않을 것이다. - 꾸란 2:120

십자군전쟁의 배후에는 로마 카톨릭교회가 있었고, 교회 지도자
들은 성지(Holy Land)와 예루살렘을 무슬림에게서 해방시키는 것이
십자군전쟁의 목적이라고 선언했다.

하지만 실제로는 다분히 경제적인 이유로 촉발된 측면도 있었다.
유럽경제는 곤경에 처해 있었고 그들은 동방이 부의 원천을 제공해
줄 수 있을 것이라고 생각했다.

십자군은 유럽 출신의 기독교인들이였음에도 불구하고 십자군의
공격은 중동의 유대인들과 기독교인들에 대한 무슬림들의 불신을 더
욱 증폭시켰다.[9]

10차례의 십자군 공격이 일어나는 동안 다시 꾸란에 눈을 돌린 무
슬림들은 기독교인들과 유대인들이 무슬림의 가장 큰 적이라는 구
절(꾸란 5:82)을 눈여겨보았다.[10]

무슬림들은 기독교인들과 유대인들에 대한 증오를 다시 새롭게

---

9. 무슬림들은 이 전쟁을 시작한 자들이 동유럽과 러시아, 중동의 동방정교회가 아닌 서방의 기독
   교, 특히 로마 카톨릭교회라는 사실을 잘 알고 있었다.
10. 모함메드 아슈르 박사(Dr. Mohammed Ashoor), 『암흑기의 유럽(Europe in the Dark Ages)』
    (Dar al Nahadah). 이 책의 저자는 알 아즈하르 대학에서 나를 가르치셨던 교수님 가운데 한
    분이셨다. 이 책은 이 주제에 관한 책 가운데 가장 훌륭한 책으로 이슬람 교육계에 정평이 나
    있는 책이다.

했다. 하지만 유대인들이 십자군 전쟁과 무슨 관련이 있는가? 아무런 관련도 없었다. 유대인들은 십자군전쟁을 일으키지 않았다. 하지만 무슬림들은 꾸란에 나온 대로 이슬람의 적들은 동맹하여 싸울 것이라고 믿었다. 그래서 기독교인들과 유대인들도 싸울 때 단결할 것이라고 생각했다.

> 오, 믿는 자들이여! 유대인들과 기독교인들을 친구나 보호자로 여기지 말라. 유대인들과 기독교인들은 서로에게만 친구이고 보호자이니라. - 꾸란 5:51

기독교인들과 유대인들 사이의 관계를 이렇게 생각하는 것은 오해다. 그런데도 무슬림들은 그렇게 믿었다. 그 결과 무슬림들은 유대인들이 기독교인들과 협력하여 공격해 올까봐 이웃에 살고 있는 유대인들을 더욱 박해했다. 십자군 전쟁은 무슬림의 기억에 잊혀지지 않는 상흔을 남겼다.

예를 들어 오사마 빈 라덴과 그의 동료들이 이스라엘과 미국에 대항하여 파트와(fatwa, 이슬람 지도자의 칙령 - 편집자주)를 쓸 때 이들은 여기에 '유대인들과 십자군에 대한 지하드' 라는 제목을 붙였다.

1998년에 작성된 이 문서는 '십자군 - 시오니스트 연합'에 대해 불만을 털어놓았다.[11]

---

11. 부록 B에서는 오사마 빈 라덴의 어록 전문을 읽을 수 있다.

식민지 시기

　지난 백 년 동안에 무슬림들의 정신에 가장 큰 타격을 입힌 것은 단연 서방의 중동 식민지화 정책이었다.

　이슬람의 터키 제국(오스만 투르크 제국)은 제1차 세계대전 때 동맹국 측에 가담했다. 전쟁에서 승리한 서방 열강들은 터키 제국의 해체를 거들었다. 영국과 프랑스, 이탈리아 등이 영토를 점령하여 새로운 자연 자원을 발굴하고 자국 제품을 판매하기 위한 시장을 더 많이 확보하고 자국민을 이주시켜 식민지화함으로써 이득을 취했다.

　무슬림들의 입장에서 볼 때 이 제국주의 열강들은 자신들의 영토에서 생산되는 자연자원을 약탈하고 자기들의 생활 방식에 해를 입힌 장본인들이었다.

　이런 경험은 무슬림들에게 십자군전쟁을 상기시켰고 기독교인들과 유대인들에 대해 가지고 있던 나쁜 이미지를 한층 강화시켰다. 알 아즈하르 대학에서 나는 학생들에게 이슬람국가들이 허약한 것은 서방 제국주의 열강이 점령하여 갖은 약탈을 해갔고 우리 무슬림이 이슬람식 생활방식을 잃은 탓이라고 가르쳤다.

　나는 학생들에게 이렇게 말했다. "우리는 자유를 잃었습니다. 우리는 우마르가 정한 지침과 거리가 먼 생활을 하고 있기 때문에 기독교인들과 유대인들의 파괴 목표가 되었습니다. 오늘날 우리가 가지고 있는 것이라곤 기독교인들과 유대인들의 꼭두각시인 나약하고 부도덕한 무슬림 지도자들이 전부입니다. 이들의 사악한 법률과 문화는 우리 사회를 망쳐 놓았습니다."

기독교인들에게도 죄가 없지 않다

자기와 다른 신앙을 가진 사람들을 박해하는 일에 대해서 말할 때 기독교인들에게도 죄가 있다는 사실을 인정하지 않을 수 없다. 역사적으로 무슬림들과 유대인들을 아주 가혹하게 다루었던 적이 여러 번 있었다(제2차 세계대전중 나치의 유대인 대학살을 비롯하여 여러 끔찍한 일들이 있었다). 사실 역사의 이런 부분에 대해서 거론한다면 기독교인들은 할 말이 없을 것이다.

하지만 무슬림들의 가혹한 행동과 기독교인들의 행동 간에는 다른 점이 있다. 다음 장에서는 이 차이점에 대해 설명할 것이다.

내가 군복무 중 기도회를 인도하고 있을 때 기품 있는 신사 한 분이 일어나더니 내가 이전에 많이 들어왔던 질문을 하나 했다. "무슬림들의 유혈 역사에 대해서만 말씀하시는데 십자군전쟁과 같은 기독교인들에 의해 자행된 유혈사태에 대해서는 어떻게 생각하십니까?"

이는 좋은 질문으로 나는 모든 기독교인이 자신감 있게 이런 질문에 대답할 수 있어야 한다고 믿는다.

표면적으로 볼때 기독교인들과 무슬림들은 양측 다 신의 이름으로 사람을 살해하는 것처럼 보인다. 이 둘 사이에 차이점이 있을까? 이들 믿음의 출처를 살펴보자.

- 그들의 경전에는 뭐라고 씌어 있는가?
- 그들은 누구의 모범을 따르고 있는가?

(전쟁에 대한) 각 경전의 내용

> 무슬림들의 행동으로 이슬람을 판단할 수 없고 기독교인들의 행동으로 기독교를 판단할 수 없다. 신약성경의 가르침에 의해 기독교를 판단해야 하는 것처럼 꾸란의 교리에 의해 이슬람을 판단해야 한다.

복음서에는 예수께서 기독교인들에게 기독교의 이름으로 사람을 죽이라고 명령한 대목은 한 군데도 찾아볼 수 없다. 예수께서는 적과 싸운 적이 한 번도 없었다. 기독교의 이름으로 피를 흘려야 한다고 주장하는 기독교인들은 예수의 가르침을 따르고 있지 않은 것이다. 십자군과 유대인 대학살은 일부 기독교인들이 신약성경의 가르침에서 얼마나 동떨어져 있었는지를 보여주는 슬픈 사건이다.

반면 꾸란에서는 곳곳에서 지하드에 대한 구절을 찾을 수 있다. 꾸란은 무슬림이 싸워야 하는 때와 장소 이유와 방법을 가르친다. 무슬림은 알라의 이름으로 싸울 때 꾸란의 교리를 충실히 따르고 있는 것이다.

이들은 누구의 모범을 따르고 있는가?

무함마드와 그의 동지들

무함마드는 메디나로 이주한 후 군사 지도자가 되었다. 그는 27차례의 전투를 직접 이끌었다. 그는 전투에 나가서 용감하게 싸우는 무슬림들을 높이 평가했다(꾸란 4:95, 저자 설명). 이슬람 지도자들은 그가 보여준 모범을 따랐다. 무함마드가 죽자, 강압에 의해 이슬람으로 개종했던 수많은 사람들은 자유를 얻을 수 있을 거라고 기대했다. 그들은 이슬람 지도부가 새로운 권력을 잡는 데 정신을 쏟느라 다른 데 신경을 쓰지 못할 것이라고 생각하고 이슬람을 버렸다. 하지만 이슬람 지도부는 무함마드의 가장 절친한 친구 가운데 한 명인 아부 바크르(Abu Bakr, BAWker)를 무함마드의 후계자로 서둘러 승인하였다.

그는 권력을 잡은 처음 3개월 동안 이슬람을 버리려고 했던 배교자 8만여 명을 죽였다. 이런 방식으로 아부 바크르는 무함마드의 전례를 따랐다.

예수와 그의 제자들

예수의 생애 말기에 그는 제자들 앞에서 칼과 곤봉으로 무장한 군중에게 체포되었다. 예수의 제자 가운데 한명이 칼을 뽑아들고 그를 보호하려고 했지만 예수께서 말씀하셨다.

"이에 예수께서 이르시되 네 칼을 도로 칼집에 꽂으라. 칼을 가지는 자는 다 칼로 망하느니라." - 마태복음 26:52

군중들이 예수를 체포했고, 예수께서는 죽임을 당하셨다. 그분은 사흘동안 무덤에 계시다가 죽음에서 부활 하시고 다시 제자들 앞에 나타나셨다. 그분의 마지막 분부는 이렇게 이어졌다.

또 이르시되 너희는 온 천하에 다니며 만민에게 복음을 전파하라. 믿고 세례를 받는 사람은 구원을 얻을 것이요. 믿지 않는 사람은 정죄를 받으리라. 믿는 자들에게는 이런 표적이 따르리니 곧 그들이 내 이

름으로 귀신을 쫓아내며 새 방언을 말하며 - 마가복음 16:15-17

제자들은 예루살렘으로 되돌아왔다. 그리고 성령강림절에 성령을 받은 후 담대하게 설교에 나섰다. 그들은 병을 낫게 하는 등 여러 기적들을 행했다. 동시에 그들은 유대인들과 로마인들 우상숭배자들에게 박해를 받았고 투옥되었으며 위협과 매질을 당했다. 열두 명의 제자 가운데 한 명만을 제외하고 모두 살해되었다.

그러나 예수의 제자들은 스스로를 보호하기 위해 정치적으나 군사적인 조직체를 만든 적이 한 번도 없었다. 이런 식으로 예수의 제자들은 예수의 모범을 따랐다.

구약성경에는 무엇이라고 나와 있는가?

만약 여러분이 구약성경에 정통한 사람이라면 이렇게 생각할 지도 모른다. '구약성경에는 하나님께서 이스라엘의 자손들에게 싸우라고 명령하는 대목이 여러 번 나옵니다. 그 예로 신명기 20:10~15을 한번 보세요.'

나는 이 물음에 기독교인들의 시각에서 대답해야 한다. 구약성경의 시대에 하나님이 인류에게 율법을 내리셨다. 이 율법은 만일 너희가 죄를 지으면 반드시 벌을 받을 것이라고 했다.

눈은 눈으로, 이는 이로, 손은 손으로, 발은 발로 - 출애굽기 21:24

하나님은 이 원칙을 실행하기 위해 사람들을 이용했다. 이스라엘 주위의 백성들이 죄를 지으면 하나님은 이스라엘 사람들에게(예를 들면 군사적 공격 등으로) 그들을 벌하라고 명령했다. 이스라엘 자손들이 죄를 지을 때에도 그 이웃들에게 그들을 벌하라고 시켰다.

이에 예수께서 이르시되 네 칼을 도로 칼집에 꽂으라 칼을 가지는 자는 다 칼로 망하느니라. - 마태복음 26:52

다시 말해 너희가 다른 사람들을 공격하면 그들도 너희를 공격할 것이라는 뜻이다. 이것이 구역성경의 바탕에 흐르고 있는 정의(正義)다.

십자군은 이 원칙이 적용된 예였다. 십자군은 무슬림들이 다른 이교도들에게 사용했던 그 칼을 이용해 무슬림들을 벌했다. 이런 논리는 로마 카톨릭교회의 행동을 정당화 하지는 못하겠지만 우리는 이 논리가 어떤 목적에 소용되었는지 알 수는 있다.

카톨릭교회 역시 양날의 칼의 날카로운 맛을 보았다. 하나님은 종교개혁과 마틴 루터를 통해 그들 교회의 권력을 빼앗았다. 아울러 하나님은 예수님을 통해 새로운 방식의 정의를 사람들에게 알렸다.

예수께서 말씀하셨다.

'또 눈은 눈으로, 이는 이로 갚으라 하였다는 것을 너희가 들었으나. 나는 너희에게 이르노니 악한 자를 대적하지 말라 누구든지 네 오른편 뺨을 치거든 왼편도 돌려 대며 또 너를 고발하여 속옷을 가지고자 하는 자에게 겉옷까지도 가져가게 하며 또 누구든지 너를 억지로 오 리를 가게 하거든 그 사람과 십 리를 동행하고 네게 구하는 자에게

주며 네게 꾸고자 하는 자에게 거절하지 말라. - 마태복음 5:38~42

결론을 말하자면 예수은 '눈에는 눈으로, 이에는 이로'의 율법을
취소하시고 그 자리에 권리와 힘을 내려놓고 겸손 하라는 계율을 채
워 넣으셨기 때문에 기독교인은 구약성경을 이용하여 전쟁을 정당
화할 수 없다. 예수께서는 당신의 삶에서 이 율법을 몸소 실천하셨
다. 성경에 이렇게 기록되어 있다.

사람의 모양으로 나타나서 자기를 낮추시고 죽기까지 복종하셨으
니, 곧 십자가에 죽으심이라 이러므로 하나님이 그를 지극히 높여 모
든 이름 위에 뛰어난 이름을 주사. - 빌립보서 2:8~9

결론

그러므로 기독교인들은 성경이나 예수의 사례를 들어 하나님의
이름으로 전쟁을 벌여 살인을 하는 것을 정당화할 수 없다. 기독교인
들은 이런 일을 할 때는 자신의 신앙을 거스르고 있는 것이다. 반면
무슬림들은 알라의 이름으로 전쟁을 벌이고 살인을 하는 것을 꾸란
과 무함마드의 사례를 들어 정당화할 수 있다. 무슬림들이 이런 일을
할 때 그들은 자신의 신앙을 잘 따르고 있는 것이다.

지금까지 무슬림들과 유대인들간의 천4백년 역사를 살펴보았다.
이제부터는 끝없는 전쟁의 새로운 국면을 여는 사건들(유대인이 지금의
이스라엘로 돌아와 국가를 건국하는 등)을 살펴볼 것이다.

SECTION 6

끝나지 않은 전쟁

제4기 유대인의 이스라엘 건국과 확대된 전쟁
(1898~현재)

 당신이 이미 승리자가 되었다면 전쟁을 선포할 필요가 없다. 바로 19세기 말 무슬림들과 유대인들 사이의 상황이 그랬다. 유대인들은 세계 곳곳에 흩어져 있고 그들은 이슬람에 대해 전혀 위협이 되지 않았다. 하지만 상황이 바뀌었다.

 유대인들이 지금의 이스라엘로 되돌아와 국가를 건국했다. 그리고 이슬람은 끝나지 않은 전쟁을 새로운 활력으로 시작해야 한다고 선언했다.

 이 장에서는 이스라엘 국가의 선언이 오늘날 우리가 접하는 현대의 테러로 이어지는 일련의 사건들을 촉발시켰는지를 살펴볼 것이다. 어떠한 일들이 일어났는지 간단한 개요를 적어 보았다.

 ■ 유대인은 1917년 현 이스라엘로 귀환하기 시작하여 1948년 이스라엘은 국가로서의 지위를 선언했다.

- 여러 이슬람국가들은 연합하여 이스라엘을 공격하였으나 1948, 1956, 1967, 1973년의 여러 전쟁에서 패배했다.
- 전쟁에서 패배한 원인을 이슬람에 대한 복종심의 리더쉽 결여로 돌렸다.
- 1978년 이집트의 대통령이 이스라엘과 평화협정을 체결했으나 이슬람 국가와 그 국민들은 이 협정을 인정하지 않았다.
- 테러리스트 단체들은 다시 꾸란에 심취(傾倒)되었고, 이스라엘과의 끝나지 않은 전쟁을 계속하는 데 전념할 것을 결의했다.

이제부터 이 사건을 하나씩 자세히 살펴보도록 하자. 이스라엘과의 전쟁이 이슬람의 교리에 의해 어떻게 계속 추진되어왔는지도 함께 살펴볼 것이다.

유대인들이 고향으로 귀환하다.

1897년, 테오도르 헤르즐(Theodor Herzl, 헝가리 출신의 오스트리아 유대인 작가. 빈의 「신 자유신문 *Neue Freie Presse*」 통신원으로 파리에 체재 중 드레퓌스 사건을 보고 유대인의 단결을 결심, 1896년 『유대인 국가 *Der Judenstaat*』를 저술하여 시오니즘(시온주의) 운동을 도모하였다. 시오니즘 정신이 담긴 소설 『탕크레드 *Tancred*』 (제1차 십자군을 이끈 장군)을 펴내었다 – 편집자주)는 유대인이 다시 이스라엘로 돌아와 자신의 국가를 세우기 위해 스위스의 바젤에 첫 시오니스트 의회를 조직했다. 당시 지금의 이스라엘 영토는 이슬람국가에 속해 있었기 때문에 헤르즐은 터키의 무슬림 칼리프를 찾아가서 제안했다. 헤르츨은 유대인이 자국을 세우는 첫 단계로서 현 이스라엘로 이주하도록 칼리프가 허용해주는 댓가로 경제적 어려움에 처한 이슬람국가에 돈을 제공하겠다고 제안했다. 무슬림 칼리프는 이 제안을 거절했고 테오도르 헤르츨은 다른 방안을 찾기 시작했다.[1]

그로부터 15년 후 터키는 제1차 세계대전 때 동맹국을 지지했고 동맹국은 연합국에게 패배했다. 그리하여 영국이 지금의 이스라엘 영토에 대한 지배권을 획득했다. 일이 이렇게 되자 유대인 지도자들은 영국 정부를 찾아가 이 영토에 정착하여 정치적 국가를 세워도 좋다는 허가권을 받아냈다(이것은 바로 세계 1차 대전중인 1917년의 영국의 외무장관 아서 밸푸어가 영국정부는 팔레스타인에서 유대인들을 위한 민족국가를 인정한다는 '벨푸어선언'을 했다 – 편집자주).

세계 전역의 유대인들은 이스라엘로 돌아오기 시작했다. 이들은 그곳에서 사업을 시작하고 농장을 일구고 단체를 만드는 등 일상적인 생활을 꾸려가기 시작했다. 주위의 다른 민족들의 공격에 대해 스스로를 방어하기 위해 보호경찰을 만들었다.

이스라엘의 사회기반시설이 발전을 거듭하는 동안 이슬람세계의 조직은 서서히 와해되고 있었다. 1924년에는 터키 정부가 전복되고 케말 아타투르크(Kemal Ataturk)가 통치하는 세속적인 정부가 세워졌

---

1. A. 시나우위 박사(Dr. A. Shinauwi), 『우트만 왕조: 이슬람 국가(*Uthman Dynasty: Islamic State*)』. 이 책은 내가 학부 3학년 때 공부했던 책으로서, 이슬람 현대사 분야에서 가장 훌륭한 책으로 손꼽히는 책이다. 전 세계의 모든 이슬람 대학에서 이 책을 사용하고 있다. 내가 학생들을 가르칠 때 나 역시 이 책을 교재로 사용했다.

다. 이전의 터키 정부는 터키 정부로서의 역할과 이슬람 세계의 통치 권력으로서의 역할을 해냈었다. 그래서 이슬람국가들은 중앙 정부의 지시 아래 연합할 수 있었다. 하지만 이제 이런 역할을 하는 중앙 정부는 사라졌고 이슬람국가들은 영국과 프랑스, 이탈리아 같은 서방의 제국주의 열강들의 식민지 아래에 놓이게 되었다.

무슬림들은 자국 내 문제 때문에 유대인들이 이스라엘 국가를 세우려는 시온이즘운동에 대응하지 못했다. 1948년 드디어 상황은 급변한다.

이스라엘의 건국

1948년 유대인 지도자들 가운데 한명인 데이비드 벤 구리온(David Ben Gurion, 이스라엘의 초대 수상 역임 – 편집자주)은 이스라엘 국가가 수립되었음을 공식 선언했다. 그러자 이슬람/아랍 세계는 마치 화산이 폭발하듯 분노를 표출했다.[2]

지하드에 대한 부름(call)이 이슬람/아랍 세계 전역에서 발표되었다. 오늘날 테러리스트들의 전신인 이집트의 최대 반군조직인 무슬림형제단(Muslim Brotherhood)의 창단인이 지하드를 하자는 요청을 처음으로 제기했다.[3] 알 아즈하르도 소리 높여 이스라엘을 비난했다.

---

2. 이슬람세계와 아랍세계는 두 개의 다른 집합이다. 이슬람세계는 국민 대다수가 이슬람을 믿는 지역을 의미하며 전 세계 55개 이상의 국가를 포함하고 있다. 아랍 세계는 이슬람이 국민 대다수의 종교이며 아랍어가 제1언어인 지역을 지칭하며, 중동과 북아프리카의 22개 국가를 포함하고 있다.

이슬람과 유대인,
그 끝나지 않은 전쟁

아랍 국가들의 모든 국민들은 자국의 군대를 보내 이스라엘과 싸우게 하라고 정부에 촉구했다.

수천 명이 시리아, 이집트, 이라크, 레바논, 요르단의 군대에 자원 입대했다. 1년도 되기 전에 이 군대는 신생 국가를 멸망시키기 위해 이스라엘로 쳐들어갔지만 패배하고 말았다. 이스라엘은 훨씬 좋은 장비와 무기를 가지고 있었고 전략면에서도 우세했기 때문이었다. 이것을 1948년 전쟁이라 부른다.

첫 패배 수습

패배한 군대가 본국으로 귀환하자 아랍과 무슬림들은 크게 실망했다. 무슬림형제단은 사람들에게 말했다.

아랍과 무슬림들이여 여러분은 이슬람없이 유대인들과의 전투에서 승리할 수 없습니다. 이슬람이 이스라엘에 대항하는 여러분들의 전투를 지휘해야 합니다.

여러분의 군대는 세속적이었기 때문에 패배했습니다. 여러분은 그저 영토 때문에 싸웠습니다. 이 전투는 영토를 위한 전쟁일 뿐아니라 이슬람과 유대교의 전쟁입니다.

무슬림형제단이 주장하는 세 가지 핵심요소를 살펴보자.

---

3. 그들은 '이슬람이 해결책이다' 라는 슬로건을 즐겨 사용했다. 그들은 기독교인이 '예수님이 해답이다' 라는 금언을 사용하는 것처럼 이 슬로건을 사용했던 것이다.

- 이슬람 국가의 지도부와 정부는 오로지 이슬람 원칙에만 의존하여 나라를 통치하지 않았기 때문에 세속적이었다. 정부는 유럽식의 법률 소송절차와 비 이슬람 교육 방식 등 서방의 방식을 따랐다. 신문 역시 이슬람의 교리에 충실히 따르지 않았다. 이슬람 기사에 초점을 맞추는 대신 섹스와 헐리우드 영화에 대한 기사를 실었고 여성의 사진을 게재했다. 이에 무슬림형제단은 이런 일련의 행동이 무슬림의 신세대로 하여금 이슬람과 멀어지게 하여 해악을 불러 일으켰다고 믿었다.[4]
- 세속적인 지도부 때문에 무슬림 국가는 이스라엘과의 전쟁에서 패배하고 있다.
- 그것은 영토 분쟁이 아니었다. 유대교에 맞서 이슬람을 지키기 위한 전쟁이었다.

1952년 무슬림 광신도들은 가말 압델 나세르(Gamal Abdel Nasser)의 지휘를 받은 자유장교단은 이집트 국왕 파루크를 끌어 내렸다. 이들의 목표는 이집트군대를 이용해서 이슬람의 기치 아래 유대인을 무찌르는 것이었다.

무슬림형제단 지도부는 나세르가 이집트에서 이슬람국가를 선언하기를 바랐다. 나세르가 그들의 요구를 거절하자 그들은 그를 암살

---

4. 현재 순수 이슬람 국가는 이란, 수단, 이전의 아프가니스탄 정부뿐이다. 이라크의 사담 후세인과 리비아의 무아마르 카다피는 무슬림 독재자이지만, 그들은 자신의 나라를 순수 이슬람 국가로 통치하지 않고 있다. 그래서 이슬람 광신도들은 이들을 죽이고 싶어한다.

하려 했지만 실패했다. 나세르는 자기가 권좌에 오르도록 거들어주었던 무슬림형제단들을 탄압하고 죽이는데 대부분의 시간을 보냈다.

운하를 둘러싼 전쟁

나세르는 집권한 후 4년 동안 이스라엘과의 전쟁에 개입했지만 직접 이스라엘을 공격하지는 않았다. 전쟁은 수에즈운하의 통제권을 둘러싼 분쟁의 결과로 빚어졌다. 프랑스인들이 이집트 영토를 통과하는 운하를 건설했고 이집트는 프랑스가 백 년 동안 이 운하를 관리해도 좋다는 협정에 서명한 바 있었다. 이 운하는 지중해와 인도양을 연결하는 유일한 뱃길이었다. 이 협정에도 불구하고 1956년 나세르가 수에즈운하를 이집트에서 관리하겠다고 선언하자 프랑스와 영국이 연합하여 이집트를 공격했고 이스라엘이 가세했다.

이것이 바로 수에즈전쟁이다. 이들의 이집트 공격은 아주 성공적이었다. 프랑스가 거의 운하통제권을 다시 획득할 즈음 미국이 이들에게 철수할 것을 설득하는 등 국제여론의 지지를 받게 되었다. 그후 이집트가 계속해서 이 운하를 통제해왔고 지금도 여전히 이집트가 통제하고 있으며 나세르는 이집트가 이겼다고 주장하였다.

6일 전쟁

이집트에서 무슬림형제단의 대부분을 없앤 후 나세르는 이스라엘 공격을 위해 이슬람세계를 조직하는데 총력을 기울였다.

나세르의 유명한 슬로건 두 가지는 "우리는 이스라엘은 물론 이스라엘을 지지하는 세력(미국을 지칭)과도 싸울 것이다." 그리고 "우리는 이스라엘을 바다에 던져버릴 것이다."였다. 내가 어렸을 때 수천 명의 사람들은 거리에 모여 나세르의 연설을 듣곤 했다.

이스라엘은 나세르의 계획을 알게 되었고 공격받을 때까지 기다리지 않았다. 1967년 6월 5일 이스라엘 군대는 이집트, 시리아, 요르단을 동시에 공격함으로써 나세르를 비롯한 다른 아랍 지도자들을 놀라게 했다. 전쟁은 단 6일 만에 끝났다.

이스라엘 군대는 이집트, 시리아, 요르단 군을 완전히 패배시켰고 시리아로부터 골란고원을, 요르단으로부터 서안을, 이집트로부터 시나이사막을 빼앗았다. 이스라엘이 승리한 후 80만에 이르던 팔레스타인 주민은 대거 이스라엘 땅을 떠나 요르단, 이집트, 이라크, 시리아, 튀니지 등 여러 아랍국가로 뿔뿔이 흩어졌다.

6일 전쟁으로 인해 이집트의 무슬림들은 물론 중동의 무슬림들 모두가 무슬림들과 유대인들의 관계에 대한 유일한 이해수단으로 다시 꾸란의 교리에 주목하게 되었다. 아랍의 세속적인 무슬림들과 정부조차도 꾸란의 교리에 눈을 돌렸다. 아랍의 언론은 유대인들과 유대교에 대한 꾸란의 교리에 대해 집중 보도했다. 유대인들은 무슬림들을 증오하는 사악한 사람들이라는 꾸란의 구절을 계속 내보냈다.

1973년 전쟁

나세르가 죽고 무함마드 안와르 엘 사다트(Muhammad Anwar el Sadat,

G. A. 나세르와 함께 자유장교단을 결성하고 이집트혁명에 참가하였다. 나세르 대통령이 병으로 사망하자 그뒤를 이어 제3대 대통령으로 취임하였다. 그는 현실주의적인 온건노선을 취하여 1977년 이스라엘을 방문하고 중동평화의 길을 열었다. 이 일로 다음 해 이스라엘 베긴 수상과 함께 노벨평화상을 받았으며 1979년 이스라엘과의 평화조약에 조인하였다. 이렇듯 중동평화의 주역을 담당하였으나 1981년 10월 6일 카이로 근교 나스루에서 대(對) 이스라엘 10월전쟁 8주년 기념식장에 참석하였다가 과격한 무슬림형제단에 의해 암살되었다 - 편집자 주)가 이집트의 새 대통령으로 선출되었다. 사다트는 이집트군대를 재정비하고 유대인들과의 마지막 전쟁을 준비했다. 1973년 10월 6일 이집트와 시리아군대는 이스라엘을 기습 공격했다. 세계는 이스라엘의 종말을 예견했다.

사다트의 승리가 가까워져 왔다. 그런데 2주후 이스라엘군의 전차 사단장으로 시나이전선 사령관을 겸하고 있었던 아리엘 샤론이 기발한 전략을 수행했다. 그는 이집트군과 카이로 사이의 교신을 두절시켰다. 이스라엘군은 이집트와 시리아 군대를 다시 한 번 패배시켰다. 이집트에서는 이 전쟁을 10월 전쟁이라 부르고 서방에서는 욤 키푸르 전쟁(Yom Kippur War)이라 부른다.

UN과 미국은 이스라엘과 이집트가 평화협상을 시작할 수 있도록 도왔다. 일반적인 무슬림들은 어찌해야 할지 갈피를 잡지 못했지만 이스라엘과의 평화협정을 받아들일 수 없다는 것만은 확실히 알고 있었다. 아랍국가들은 사다트에 반대하여 서로 연합했고 사다트가 이스라엘과 평화협정을 맺지 못하게 하려고 했다.

이라크의 사담 후세인은 이라크의 바그다드에서 이 문제를 논의하기 위해 아랍 국가를 초대하여 저항협의회(Conference of Resistance)

를 소집했다.[5] 회의를 하던 중 아랍의 지도자들이 아무리 설득해도 사다트가 마음을 바꾸지 않자 그들은 이집트와의 외교 관계를 끊어 버렸다. 사다트는 홀로 평화의 길을 걸어갔다. 그는 1978년 캠프 데 이비드 협정에 서명했고 현대 역사상 처음으로 이스라엘과 이집트 사이에 정상적인 관계를 수립했다. 평화를 지키겠다는 약속의 댓가로 이스라엘은 이집트에 시나이사막을 돌려주었다.

세속적인 이슬람정권에 대한 반란

캠프 데이비드 협정이 조인되자 이집트를 비롯한 중동의 여러 나라에서 대규모 반란이 일어났다. 이슬람의 반란은 마치 파도처럼 일어 점점 커지더니 1979년 이란의 이슬람 혁명 후 극에 달했다. 이란은 이스라엘과 미국은 이슬람세계의 최대의 적이라고 선언하며 무슬림 급진단체를 지원했다.

이들의 목표는 이란에서처럼 중동 국가들의 세속적인 정부를 몰아내고 이슬람 정부를 세우는 것이었다.

종전까지는 세속적인 정부와 군대가 이스라엘을 공격했었다. 하지만 이제 이슬람세력이 궐기(蹶起)하여 전투의 근원을 종교적인 뿌리로 되돌렸다. 이로써 지하드가 시작되었다.

---

5. 후세인은 이스라엘에 대하여 적대적인 입장을 고수해왔다. 1990년대에 그는 이스라엘을 초토화시키겠다고 으름장을 놓았다.(『사담에게 무슨 일이(How Saddam Happened)』, 2002년 9월 23일자 뉴스위크, 22~37p).

이스라엘과 싸우기 위해 더 많은 지하드 단체가 결성되다

무슬림 형제단, 이슬람 지하드(Islamic Jihad) 알 가마 알 이슬라미이야(al Gama'a Al Islamiyya), 헤즈볼라, 하마스 등은 추진력을 얻어 이 지역의 수백만 주민들에게 세속적인 군대는 유대인들과의 전쟁에서 이길 수 없다고 설득했다. 지하드 단체들은 사다트를 가리켜 이슬람 교리를 버린 배교자라고 불렀다. 이들은 그가 원숭이와 돼지들과 악수했다고 비난했다. 이들은 "우리는 이슬람이 아랍 국가들을 통치하게 해야 한다. 이슬람이 권력을 잡고 무슬림들과 유대인들 전쟁사에 새 페이지를 쓰게 해야 한다."라고 말했다.

1973년 전쟁 이전에 사다트는 언론을 이용하여 이스라엘과의 싸움을 준비했다. 그런데 이번에는 사람들을 평화를 이끌기 위해 언론을 이용하려 했다. 언론은 유대인에 대한 공격적인 꾸란 구절을 인용하는 것을 중지하고 무함마드의 계시 전반부의 평화로운 구절을 이용했다. 이 전략은 전혀 먹혀들지 않았다. 여러가지 방법으로 이집트 국민들은 이스라엘과의 관계를 결코 정상화하지 않을 것이며 유대인과 손을 잡지 않을 것임을 명백히 밝혔다.

끝없는 전쟁을 계속하는 사람들

캠프 데이비드 협정이 조인된 후 이스라엘 관광객들은 이집트와 이스라엘 사이에 새로운 관계가 수립되었다는 희망을 가지고 이집트를 방문했다. 그들은 피라미드와 나일강 그리고 자신의 조상들이 수세기 전에 살았던 여러 장소를 둘러볼 기대로 한껏 부풀어 올라 있었다. 하지만 그들은 심한 저항에 부딪쳤다. 이스라엘 관광객들을 태운 버스는 이스마일리아(Ismailia) 시에서 이슬람 원리주의자들의 공격을 받아 많은 이스라엘 사람들이 사살당하였다.

카이로의 타히르(Tahir) 광장에서는 이집트 원리주의자 단원이 젊은 유대인 남자와 그의 여자 친구가 공공장소에서 키스하는 것을 보고 칼로 그 젊은이를 살해했다.

그리고 이것은 내가 결코 잊을 수 없는 사건인데 라마단(금식하는 달) 기간에 시나이 사막의 이집트와 이스라엘 접경지대에 주둔하고 있던 이집트 군인이 어느 오후 티셔츠와 반바지를 입은 유대인 소녀들을 보았다. 이슬람의 기준에 비추어볼 때 이런 차림은 노출이 심한 것이었다. 이 소녀들의 해이한 도덕성이 자신들을 공격하고 있다고 여긴 이 군인은 총을 꺼내 그들을 쏘기 시작했고 일곱 명의 소녀 모두를 죽였다.

평화협정을 조인한 지 3년밖에 지나지 않았을 때 무슬림 병사들은 성공적으로 사다트를 암살한 후 이집트를 장악하려 했다(1981년).

하지만 당시 부통령이었던 호스니 무바라크(Hosni Mubarak, 2002년~현재, 이집트 대통령)의 발빠른 군사조치로 저지되었다.

결론

이슬람의 교리가 어떻게 무슬림으로 하여금 이스라엘과 싸우게 만드는지 다시 한번 살펴보았다. 세속적인 무슬림정부는 이스라엘과 평화롭게 살려고 노력했지만 지하드 단체들이 들고 일어나 전쟁을 계속하려 했다. 이들은 이스라엘을 인정하는 어떠한 협정이나 평화조약도 있을 수 없다고 선언했다.

이스라엘은 지금까지 자국을 지키는 데 성공했다. 이제부터는 이스라엘과 팔레스타인의 대립 가운데 이스라엘에 대항하는 현재의 전략을 살펴보도록 하자. 과연 이 문제를 해결할 희망이 있을까?

오늘날 이슬람과 유대인들 사이에 벌어지고 있는 끝나지 않은 전쟁의 최전선에는 팔레스타인과 이스라엘의 갈등이 있었다.

이 장에서는 '팔레스타인 사람들은 진정으로 유대인들과 이웃으로서 조화를 이루며 평화롭게 살아갈 방법을 찾기를 바라는가?'라는 물음에 대한 답을 생각해보려 한다. 물론 "그것은 팔레스타인 사람만이 대답할 수 있는 거 아닌가요?"라고 되묻는 사람도 분명 있을 테지만 말이다.

우선 팔레스타인 사람들 대다수는 아랍계무슬림들이기 때문에 꾸란과 이슬람의 교리에 의해 지배된다는 사실을 기억해야 한다. 나 역시 예수 그리스도를 만나기 전에는 꾸란과 이슬람의 교리대로 성장하고 배우고 가르쳐왔다. 내가 이런 질문들에 대답할 수 있는 이유는 중동의 이슬람 학자들의 의견을 설명할 수 있기 때문이다.

나는 유대인의 시각이나 기독교인의 시각에서 이 문제를 바라보지 않을 것이다. 그리고 이 장에서는 성경의 가르침을 언급하지 않을 작정이다 또한 나는 역사를 거슬러가며 현재 이스라엘 땅에 살고 있는 모든 사람들에 대해 상세히 기록하지 않을 것이다.

오히려 나는 무슬림의 시각에 초점을 맞출 것이다. 왜냐하면 무슬림의 시각에서 이 문제를 바라볼 때 이스라엘이 직면하고 있는 전투의 심각성을 더 잘 이해할 수 있기 때문이다. 우선 이 장에서는 이스라엘과의 끝없는 전쟁에서 무슬림이 유지하고 있는 두 가지 주요 믿음에 대해 살펴보고자 한다. 그 두 가지 믿음이란 다음과 같다.

- 이 땅은 이슬람의 소유라는 믿음
- 예루살렘 내의 신성한 모스크는 순수하게 지켜져야 한다는 믿음

여러분은 이 믿음의 결과로 불가피하게 나타나는 결과를 알게 될 것이다.

- 어떤 평화협상도 인정할 수 없다.
- 이스라엘 국가는 파괴되어야 한다.

이슬람의 영토

이 상황의 근원을 이해하기 위해서는 종교적 관점에서 이 문제를 바라보아야 한다. 이 상황을 바라보며 단지 "이 문제는 팔레스타인 사람들이 살아갈 장소를 원하는 데 있다."라고 말할 수는 없다. 물론 이 점 역시 이 문제의 일부이기는 하지만 이 갈등을 그토록 풀기 어렵게 만드는 이유는 아니다.

무슬림의 시각에서 보면 현 이스라엘의 영토는 어느 개인이나 어느 단체의 것이 아니라 이슬람의 것이다. 그러므로 유대인이 이스라엘 국가의 건국을 선언했을 때 그것은 모든 이슬람국가에 대한 모욕이었다. 이슬람의 영토를 빼앗아 국가를 수립한 것이기 때문이다.

이스라엘과 그 우방에 맞서 싸우는 단체들은 이런 관점을 아주 분명히 밝힌다. 이스라엘에서 가장 크고 가장 활동적인 지하드 단체인 하마스는 이스라엘에 대한 입장을 나타낸 36개 조항의 서약을 가지고 있다. 여기에 그 일부를 발췌해 놓았다.[1]

팔레스타인의 영토는 미래의 무슬림 세대가 최후의 심판 날까지 사용해야 할 이슬람의 신성한 소유지이다. 아무도 그 땅을 그 일부라도 포기하거나 내버릴 수 없다. - 하마스서약 11조

팔레스타인은 이슬람의 영토다. 그러므로 팔레스타인의 해방은 어디에 있는 무슬림이든 무슬림 개개인의 의무이다.
- 하마스서약 13조

2000년 북아메리카 이슬람협회는 이슬람 학자가 저술한 『정상화

---

1. 이스라엘 외교부 정보국: www.israelmfa.gav.il(하마스라고 불리는) 이슬람 저항 운동 단체의 맹세가 1988년 8월 18일에 발표되었다.
2002년 12월 12일 인터넷(www.hraic.org/the_covenant_of_ hamas.htaml)에서 이 서약서의 요점을 찾아냈다.

이슬람과 유대인,
그 끝나지 않은 전쟁

는 안된다(*No for Normalization*)」라는 제목의 소책자를 발행했다. 그는 영토권에 대한 무슬림의 시각과 비슷한 견해를 제시했다.

　유대인들이 와서 이 땅을 공격하여 빼앗아갔지만 이 땅이 무슬림의 소유하는 사실은 변하지 않을 것이고 영원히 변함 없을 것이다. 우리가 오늘날 이 땅을 유대인들로부터 해방시킬 수 없다 해도 그것은 우리의 포기를 의미하지 않는다. 우리는 그날이 올 때까지 계속 노력해야 하고 그 땅을 이슬람 세계로 반드시 가져올 것이다.[2]

성지는 신성하게 보존되어야 한다

　오늘날 이스라엘은 단지 이슬람의 영토만을 차지하고 있는 것이 아니다. 여기에는 이슬람의 세 번째 성지인 예루살렘의 알 아크사 사원(Al Aqsa Mosque)도 포함되어 있다. 이 모스크는 이슬람의 두 번째 칼리프인 우마르 이븐 알 카탑(Umar ibn Al Khattab)에 의해 설립되었고 그 이후로 계속 사용되어 왔다.

　수많은 서방인들은 무슬림이 성지를 신성하게 보존하는 일을 얼마나 중요하게 생각하는지 이해하지 못한다. 무슬림은 성지는 불결하고 신앙심 없는 비 무슬림의 접근으로 더럽혀져서는 안된다고 생각한다.

　예를들어 아주 최근까지도 비 무슬림은 불결하다는 이유로 어떤 모스크의 입장도 허용되지 않았다. 하지만 최근에는 비무슬림들의

---

2. 압둘라 알나피시(Abdullah Alnafish), 이스라엘과의 정상화는 안 된다, 2판(미시건: 북아메리카 이슬람협회, 2000).

마음을 이슬람으로 끌어들이기 위해 비무슬림들도 모스크 안으로 들어올 수 있도록 허용한다.

이슬람에서 성지는 반드시 지켜져야 한다. 2002년 팔레스타인 전사들이 성탄교회(Church of the Nativity)에서 바리케이드를 쳤을 때 기독교인들은 무기를 들지 않았지만 만약 이런 일이 무슬림의 성지에서 일어났다면 중동 전역의 무슬림들이 들고 일어났을 것이다.

현재 이스라엘이 예루살렘을 통치하고 있지만 알 아크사 사원과 건물 주위의 넓은 구내는 무슬림들이 관리하고 있다. 이 구내에는 '바위 돔 모스크'(Dome of the Rock Mosque때로는 이 구내 전체를 '바위의 돔'이라고도 부른다)도 있다. 이 장소는 솔로몬의 커다란 신전이 있었다고들 해서 '성전산(Temple Mount)'이라고도 불린다. 예수께서 살아 계실 때 헤롯도 여기에 신전을 세웠다.[3]

유대인이 최고의 성지로 꼽는 '통곡의 벽'과 가까운 곳에 있는 이슬람의 성지 알 아크사 사원

무슬림은 이 구내 주위에 벽을 세워 비무슬림이 벽 안으로 들어오는 것을 허용하지 않는다.

이교도(비무슬림)가 알 아크사 모스크 주위에서 거주하며 일하고 있다는 사실은 오사마 빈 라덴을 포함한 헌신적인 무슬림을 격분시켰다. 그는 1998년 미국과 이스라엘에 대한 파트와에서 이렇게 선언했다.

미국인과 그 지지자는 시민과 군인을 구분하지 않고 모두 죽이라는 판결은 이 일이 가능한 국가에 살고 있는 모든 무슬림의 의무다. 이 일은 알 아크사 사원과 신성한 모스크(메카의 카아바)를 그들의 손아귀에서 해방시키고 그들의 군대를 모든 이슬람 땅에서 몰아내어 더 이상 무슬림을 위협하지 않게 하기 위해 필요하다. 4

성지의 해방은 이슬람 단체들이 진짜 목적을 숨기기 위해 사용하는 명목상의 목적이 아니다. 그것 자체가 그들의 진짜 목적인 것이다.

무슬림들의 입장에서 볼 때 무슬림들이 실제로 모스크 부지를 관리하는 것만으로도 충분하지 않다.

비무슬림 미국인들과 유대인들 같은 부도덕한 존재들로 더럽혀진

---

3. 이슬람에는 가장 신성한 장소 세 곳이 있다. 첫 번째 성지는 사우디아라비아 메카의 카아바(Al Kaaba)이고, 두 번째 성지는 무함마드가 묻힌 장소인 사우디아라비아 메디나의 메신저 모스크(Mosque oh the Prophet)이다. 비무슬림들은 이곳에 들어올 수 없다. 즉, 유대인이나 기독교인은 거대한 검은 돌인 카아바를 보거나 메신저 모스크 내부에 발을 들여놓을 수 없다.
4. 빈 라덴의 파트와 전문을 읽고 싶으면 부록B를 참조하라.
인터넷 www.fas.org/irp/world/para/does/980223-fatwa.htm에서 얻은 자료임.

것을 이지역에서 깨끗이 몰아내어야 하는 것이다.

알 아크사 모스크를 신성시하는 이유?

알 아크사 사원을 신성시하는 이유를 알고 싶지 않은가? 그것은 이슬람에서 '밤의 여행'으로 알려진 사건 때문이었다. 이슬람 역사는 다음과 같이 기록하고 있다.

어느 날 아침 잠에서 깬 무함마드는 자신의 추종자들에게 알라께서 근사한 여행을 시켜줬다고 얘기했다. 그는 간밤에 천사 가브리엘이 노새와 함께 그에게로 왔다고 말했다. 무함마드는 노새를 타고 공중을 날아 그가 거주하고 있던 메카에서 예루살렘으로 갔다. 예루살렘에서 그는 유대교 성전이 있던 장소에서 그를 기다리고 있는 알라의 선지자들을 발견했다. 무함마드는 그들과 함께 기도를 했다.

그런 다음 천사 가브리엘은 무함마드를 하늘나라로 데리고 가서 알라를 만나게 했다. 알라를 만난 무함마드는 알라와 협상을 하여 하루에 의무적으로 해야 하는 기도의 횟수를 50번에서 5번으로 줄였다. 천사 가브리엘은 무함마드를 지옥으로도 데리고 갔다. 무함마드가 자신의 추종자들에게 말하기를 지옥은 거의 여성으로 가득했다고 한다. 그는 음식과 물을 주지 않고 방 안에 고양이를 가둔 죄로 지옥에 와 있는 한 여성을 보았다고 했다. 또 다른 여성은 간통을 저질렀기 때문에 사슬에 묶여 천장에 매달려 있었다고 했다.

밤이 끝나기 전에 무함마드는 노새를 타고 메카로 날아왔다.

이 이야기의 세부내용은 하디스에도 기록되어 있지만 무함마드가 받은 계시로서 꾸란에도 기록되어 있다.

그(무함마드)에게 우리의 증거를 보이기 위해, 밤에(메카의) 알 마지드 알 하람(성스런 예배당)에서 그 주위를 축복한(예루살렘의) 알 마스지드 알 아크사(먼 곳에 있는 예배당)까지 종을 데리고 여행하신 그분(알라)께 영광 있으라. - 꾸란 17:1

무함마드가 죽은 지 2년 남짓 지나 이슬람군대가 예루살렘을 정복했을 때 그들은 무함마드의 밤의 여행에 대한 이야기를 떠올렸다. 군지휘자가 군대에게 옛 신전이 있었던 장소를 찾아 거기에 모스크를 세우라고 명령했다. 이들은 모스크를 짓고 나서 '먼 곳에 있는 사원'이라는 뜻의 '알 아크사 모스크'라는 이름을 붙였다.

유대인과 모스크

일부 유대인 단체는 옛 회당이 있던 장소에 회당을 다시 세우고 싶어 한다. 그러기 위해서는 지금 있는 모스크를 헐어야 한다.

여러 번의 시도 특히 정통파 유대인의 시도가 있었다. 기도를 하기 위해 안으로 들어가려는 유대인들의 여러 번의 '침입'이 있었다.

무수한 폭발 시도가 있었음이 밝혀졌고 여러 차례 '바위의 돔'을 향한 총격 사건이 있었다.

내가 보기에 유대인들은 성공할 때까지 '바위의 돔'을 장악하려는 시도를 할 것 같다. 이는 단지 시간문제일 뿐으로 그들은 반드시 그것을 이루고야 말 것 같다는 생각이 든다.[5]

유대인이 '바위의 돔'을 장악하는데 성공한다면 무슬림들은 대참사를 일으킬 것이다. 특별한 성지가 아닌 인도의 한 모스크를 둘러싸고 커다란 갈등이 일어난것을 볼 때 이를 예견할 수 있다.

7세기에 이슬람군대가 인도를 침입했을 때 이들은 힌두교 신 가운데 한 신이 탄생한 곳으로 여겨지는 신성한 힌두교 사원 부지 위에 모스크를 건설했다.

1992년에 힌두교인들이 이 모스크를 헐자 무슬림들은 그 보복으로 힌두교인 수천명을 살해했다. 2002년 무슬림들과 이 부지를 방문한 힌두교인들 순례자 행렬에게 돌을 던지고 총을 쏘아댔다. 그 결과 58명이 사망하고 수백명이 부상을 당했다. 이 사건은 인도 전역에서 무슬림들과 힌두교인들 사이에 전쟁을 촉발시켰다.[6]

이렇듯 무슬림들은 모든 모스크를 지키기 위해 격렬하게 싸운다. 세계에서 세 번째로 신성한 모스크를 빼앗긴다면 이슬람계 전체가 들고 일어날 것이다.

첫 번째 충돌은 무슬림들과 정부 사이에 일어날 것이다. 사람들은 정부가 행동해야 한다고 주장할 것이고 세속적인 정부는 좀 더 기다리며 협상하기를 원할 것이다. 테러리스트들은 이스라엘과 그 지지자들에게 보복 공격을 점차 강화해 나갈 것이다. 수많은 사람들이 전

---

5. '바위의 돔'을 장악하려는 유대인의 시도에 대한 세부 내용은 1960년대 이후 50여 차례의 사건과 함께 『카릴 압둘 카림(Khalil abdul Karim)의 '유대인 비밀 활동'』(레바논 베이루트: 시나이 퍼블리싱, 1991)에서 볼 수 있다.
6. 러시아 신문 『Pravda』에 실린 Oleg Artyukov의 기사. Maria Gousseva 번역. 인터넷으로 얻은 자료임.

투에 참가할 잠재세력이 될 것이다.

어떤 협상도 인정할 수 없다

서방 열강들은 팔레스타인과 유대인을 협상 테이블에 앉히려고 언제나, 늘 노력하고 있다. 하지만 무슬림의 시각에서는 어떤 협상도 받아들일 수 없다.

팔레스타인은 이슬람계 영토의 일부다. 어느 누구에게도 이 땅을 정당하게 소유한 자들 곧 이슬람계 전체가 아닌 다른 사람들에게 그 땅을 줄 수 있는 권한이 없다.

무슬림들에게는 자신의 땅이나 재산을 다른 사람에게 주거나 팔 수 있는 권리가 있다. 하지만 무슬림들에게 팔레스타인의 무슬림 땅을 유대인에게 줄 수 있는 권리는 없다. 그 땅은 그들의 것이 아니라 이슬람의 것이기 때문이다.[7]

세계는 UN과 미국이 평화회담을 이끌때 어떤 일이 벌어지고 있는지 목격하고 있다. PLO의 아라파트나 그의 대리인들이 이스라엘과 만날 때마다 이슬람 원리주의자들은 이스라엘인들에게 폭탄 공격을 한다. 이들은 아라파트가 무슬림이나 아랍인을 대표하지 못한다고 말한다. 이들은 그가 그저 팔레스타인 국가라고 부를 수 있는 작은 나라를 세우기에 충분한 자그마한 땅 덩어리를 구하고 있는 정

---

7. 알 나피시(Al nafish), 『이스라엘과의 정상화는 안 된다(*No to Normalization With Israel*)』.

치인일 뿐이라고 말한다. 그것이 가자지구 안의 땅이든 서안의 땅이든 개의치 않는다.

아라파트가 1991년 마드리드 협상에서 이스라엘과 협정을 맺었을 때 이슬람단체들은 격분했다. 그들은 아라파트에게는 땅을 포기하는 협정에 서명할 권한이 없다고 주장했다.

중동의 무슬림 원리주의자들은 이슬람의 교리를 철저히 이해하고 따르고 있으며 무슬림과 유대인간의 관계에 대해 상세히 파악하고 있다. 이들은 아라파트가 구하고 있는 것으로는 만족하지 못할 것이다. 다음은 평화 협정에 대한 요약 전문이다.

우리가 평화협정을 받아들인다면 우리는 우리 신앙의 최고 의무인 지하드를 수행하지 못할 것이기 때문에 이 협정을 받아들일 수 없다. 그리고 꾸란에 유대인은 최후의 심판 날까지 우리의 최대의 적이고 우리는 그들을 계속 증오해야 한다는 구절이 있기 때문에 우리는 유대인에 대한 적의를 거두어들일 수 없다.[8]

협상은 정치적 해결책이기 때문에 효과가 없을 것이다. 정치적 해결책은 정치적 문제에 효과가 있다. 예를들어 만델라를 전 세계적으로 인권운동가로 각인시켜 주었던 남아프리카 공화국의 흑백 인종차별정책인 아파르트헤이드(Apartheid) 문제는 정치적 문제이기 때문에 정치적 해결책으로 문제를 해결할 수 있다. 그 바탕에 종교적 문

---

8. 같은 책 6~358p.

제가 전혀 없다. 하지만 무슬림의 시각에서 볼 때 이슬람과 이스라엘 사이의 문제는 종교적인 문제이다.

이스라엘의 제거

무슬림의 견지에서 유일한 해결책은 이스라엘을 없애는 것이다. 이런 내용이 언급된 하마스의 서약을 살펴보자.

본 이슬람 저항 운동단체는 알라에 복종하는 뛰어난 팔레스타인 운동단체로서, 이슬람 생활방식을 따른다. 팔레스타인 전역에 알라의 기치를 높이 세우기 위해 싸운다. – 하마스서약 6조[9]

이스라엘은 이슬람이 이전에 다른 나라들을 없앴던 것처럼 없앨 때까지 존재할 것이다. – 하마스 서약 서문[10]

이런식의 진술을 하는 단체는 과격한 지하드 단체뿐이 아니다. 이슬람계 전역의 모스크에서 이런 설교가 행해지고 있다.

이런 설교의 영어 번역본을 인터넷 웹사이트에서 종종 볼 수 있다 (www.almin bar.net). 사우디 아라비아의 알 리야드(Al Riyadh)에 있는 주요 모스크의 최근 메시지에서 쉐이크의 말을 인용하면 이렇다.

.오늘날 무슬림들은 우물쭈물하며 시간을 허비하거나 이교도

---

9. 하마스의 서약-요점, 2002년 12월 1일 www.hraic.org/the_ covenant_of_hamas.html에서 얻은 자료임.
10. 같은 책.

와 협상 테이블에 앉아 있다고 해서 성지가 해방되지 않는다는 것쯤은 이미 다 알고 있다. 유대인이 약속을 어겼을 때 메신저가 유대인에게 했던 대로 행하는 것만이 해결책이다. 유대인에 대한 해결책은 메신저 무함마드가 "나는 너희에게 살육을 가져왔다."라고 말했던 대로 하는 것이다. 그렇다. 해결책은 평화와 조화가 아니다. 평화가 아닌 지하드가 해결책이다.[11]

미국에서 출간된 어느 책에는 이런 선언이 있었다.
　모든 무슬림은 나가서 싸우고 유대인을 죽이는 것이 자신의 삶에서 알라에게서 받은 최고의 소명이라고 믿는 것이 틀림없다.[12]

기독교 방송 네트워크(CBN)는 영국에서 무슬림지도자와의 인터뷰를 녹음했다. 이 인터뷰에서 그들은 그에게 이스라엘에 대해 어떻게 생각하느냐고 물었다. 그는 지하드 단체가 수세기 동안 사용해왔던 은유를 써서 대답했다. 이스라엘은 서방국가들과 미국이 심어놓은 암세포이며 이스라엘을 완전히 제거하기 위한 노력에 참여하는 것은 전 세계 무슬림의 책임이다.[13]

---

11. 후버 연구소(Hoover Institute Research)의 특별 연구원(Fellow)이자 워싱턴 타임즈의 칼럼이스트이기도 한 아놀드 beichman. htm에서 얻은 자료임.
　　www.washtimes.com/commentary/beichman.htm.
12. 알나피시(Alnafish), 『이스라엘과의 정상화는 안 된다(No to Normalization With Israel)』, 6~35p.
13. '지하드 트레일(The Jihad Trail)' 이라는 제목의 CBN 프로그램

자살폭탄 테러에 대한 무슬림들의 의견

이스라엘에 대항한 팔레스타인들의 전쟁은 이슬람 고위 당국자에 의해 지원을 받고 있다. 로마 가톨릭교회의 교황의 지위에 비교되는 알 아즈하르의 그레이트 이맘(Great Imam)은 팔레스타인의 첫 여성 자살폭탄 테러리스트가 자살공격을 감행하였을 때 이렇게 말했다. "자신을 날려 저 세상으로 간 모든 팔레스타인은 여성이든 남성이든 순교자가 될 것입니다."14

'순교'란 종교적인 용어다. 순교자는 다른 무슬림처럼 무덤에 기다리거나 심판 날에 심판을 받지 않고 곧바로 천국으로 갈 수 있다. 천국이 보장되어 있는 것이다. 이슬람은 무슬림들에게 지하드에 가담한다면 손해 볼 것이 없다고 가르친다.

만일 죽게 되면 그들은 순교자가 되어 천국에 갈 것이고, 승리하면 승리를 축하하게 될 것이기 때문이다. 그러므로 이슬람을 위해 싸우는 전투에서는 이기든 지든 손해 보는 법이 없다.

지하드에서 죽이는 행위는 살인을 범하는 것과는 확연히 다르다. 이슬람은 이 둘을 분명히 구분하고 있다. 이슬람은 사회에서 법률을 지키지 않고 살인을 저지른 자에 대해서는 형을 선고한다. 하지만 지하드에서 사람을 죽이는 행위는 장려한다(9장 참조).

---

14. '여성 자살폭탄 테러리스트의 어머니가 말하다'라는 제목의 BBC뉴스기사, 2002년 1월 30일에 인터넷 news.bbc.co.uk에서 얻은 자료임.

서방에서는 이를 '자살폭탄'이라고 부른다. 하지만 무슬림들에게 이것은 자살이 아니라 전쟁이다. 지하드는 죽이느냐 죽느냐의 문제다. 죽일 뿐 아니라 죽기도 하는 것이다.

결론

팔레스타인 무슬림들이 이스라엘과의 전쟁에 대해 어떻게 생각하고 있는지 살펴보았다. 이 지역에서 지금까지 평화가 발견되지 않은 것이 놀라운 일은 아닌 것 같다.

다음 장에서는 이 상황에 대한 아주 독특한 시각을 전하고자 한다. 무슬림 정신에 있는 또 다른면을 살펴보자. 무슬림들은 유대인들이 자신들을 어떻게 보고 있다고 생각하는지 살펴보도록 하자.

무슬림들은 유대인들에 대해 나름대로 체계적인 태도와 이론을 정립해 놓았다. 무슬림들은 꾸란과 하디스에서 전통과 문화에서, 카페와 거리에서, 집에서 이에대해 보고듣고 배운다. 그들은 유대인이 자신들의 최대의 적이라는 사실을 확실히 알고 있다. 아울러 유대인들도 자신들에게 같은 감정을 품고 있을 거라고 믿는다. 무슬림들은 유대인들이 이슬람을 싫어해서 없애고 싶어 한다고 믿는다.

오늘날 아랍세계에서 가장 인기 있는 작가 가운데 한 명인 무스타파 마흐무드(Mustafa Mahmoud) 박사는 유대인은 '이슬람을 뿌리째 뽑아버리고 싶어 한다.'고 썼다.

그는 유대인의 '트렌치전쟁(Battle of the Trench)' 개입이 이슬람을 근절하기 위한 첫 시도라고 주장했다. 아울러 그는 유대인은 이슬람을 없애려는 의도로 전세계전쟁을 배후에서 조종하고 있다고 썼다.

다른 무슬림 저술가들도 이 견해에 동의한다.[1]

무슬림은 유대인이 이슬람을 파괴하려는 이유가 긴 목록을 작성할 수 있을 만큼 많은 거라고 믿었다.

한 이슬람 교수는 자신의 저서 『위협과 도전(*Threatening and Challenging*)』에서 이런 이유를 열거해 놓았다.

- 하나님(God)이 먼저 선택한 민족을 거부하고 대신에 무슬림을 선택했기 때문에 유대인은 화가 났다.

- 꾸란은 유대인이 모든 악의 근원이라는 사실을 전 세계에 폭로했다.

- 무함마드는 그 이전의 모든 유대인 선지자(사도)들보다 더 설득력이 있었다. 그는 마지막 메신저였고 꾸란은 마지막 계시였다.

- 무함마드는 유대인 거주지를 파괴하고 그들을 아라비아에서 내쫓았다.

- 무슬림 율법학자들은 꾸란을 고치려 하지 않았고 이를통해 그들이 유대인 랍비들보다 더 정직하고 성실하며 영향력 있음을 입증하였다. 이들의 주장에 의하면 유대인 랍비들은 하나님의 말씀을 고치고 거기에 자신의 말을 대신 적어 넣었기 때문에 하나님이 주신 권위와 지위를 잃었다고 했다.

---

1. 『"이스라엘인들의 오만과 이를 종식시키기 위한 방법: 어느 저명한 무슬림 저술가가 꾸란 구절을 인용하며 이스라엘의 종말을 예견하고 있다"』. 원본은 '알 아흐람 인터내셔널 *Al Ahram International*' 1997년 5월 17일자에 게재된 기사이며, 웹사이트 www.ahram.org에서 얻은 자료임. 아랍어는 모우니르 비샤이(Mounir Bishay)가 번역했음. '알 아흐람' 은 이집트 최대의 아랍어 신문으로서 영어판과 아랍어판이 발행되며 전 세계에 배포되고 있다.

- 전쟁과 전투의 역사에서 무슬림군인들과 투사들이 유대인군인들보다 더 강했음이 증명되었다(세속적인 무슬림이 이스라엘과 싸우기 시작한 현대 이전에는 그랬다);
- 유대인은 동시대에 강력한 유대교 국가와 강력한 이슬람 국가가 공존할 수 없다는 것을 알고 있다.
- 무슬림은 유대인이 자신의 영토에 새 국가를 세우는 것을 허용하지 않을 것이며 유대인이 성전산(the Temple Mount)을 가지도록 내버려 두지 않은 것이다.

이 무슬림 저자에 의하면 위에서 열거한 이유들이 무슬림들을 향한 유대인들의 증오를 완벽하게 만들 것이라고 했다. 다시 말해 유대인은 무슬림을 최악의 적으로 여기고 있다고 그는 생각한다.[2]

이런말을 하게되어 슬프지만 내가 이집트에서 이슬람을 믿고 있었을 때 나는 이 모든 것들이 사실이라고 믿었다. 나는 이슬람의 소산이었고 내 마음은 편견으로 가득했다. 나는 유대인이 이슬람과의 끝없는 전쟁을 하고 있다고 믿었다. 그러나 나는 결국 유대인들 대부분은 무슬림을 증오하고 있지 않다는 사실을 알게 되었다. 유대인들 대부분은 그저 자신의 신앙을 지키면서 자신의 삶을 살 수 있기를 바랄 뿐이다. 그들은 무슬림이 유대인들에게 해를 입히지 않는 한 무슬림이 어떤 종교를 믿든 상관하지 않는다.

---

2. 『위협과 도전(*Threatening and Challenging*)』 초판(사우디아라비아 리아드 시 Riad City, 2000).

유대교의 성경은 이슬람에 대한 증오를 가르치지 않는다. 이슬람에 대해서는 언급조차 되어 있지 않다. 경전이 씌어지던 당시는 아직 이슬람이 존재하지도 않을 때였기 때문이다.

이스라엘 내의 수많은 유대인들은 팔레스타인들 때문에 좌절감을 느끼고 있다. 하지만 그들은 이슬람을 없애려고 하지 않는다.

그림이 완성되다

이제 여러분은 오늘날 이슬람과 유대인들 사이의 관계 아래에 흐르고 있는 근원(根源)을 이해하게 되었을 것이다.

다음 SECTION 7에서는 이 두 진영이 평화를 위한 자리에 함께 할 수 있는 방법을 살펴보게 될 것이며 아주 흥미진진할 것이다.

SECTION 7

무슬림들과 유대인들이
화해할 수 있는 방법은 없을까

제23장

평화로 가는 길

누가 중동의 폭력사태 자살폭탄 테러와 유혈참사를 중단할 수 있을까? UN이나 미국도 할 수 없고 평화회담을 더 많이 열어도 별 진전이 보이지 않을 것이다. 무슬림의 마음을 깨끗이 정화하여 유대인과 화해시킬 수 있는 힘은 이 세상에 존재하지 않는다. 다만 *예수 그리스도의 보혈*을 통해서만이 가능할 것이다.

내가 이슬람과 함께 자라고 공부하고 가르치던 때를 되돌아볼 때 나는 내가 어둠속에 살고 있음을 알게 되었다. 나는 꾸란에 세뇌 당했고 이 세상에 평화를 가져올 수 있는 유일한 원천이 평화의 메시아인 예수 그리스도에게 있음을 전혀 알지 못했다.

내가 무슬림이었을 때 내게 예수는 그저 한 사람의 사도였을 뿐이었다. 그래서 나는 그가 하나님의 메시지를 세상에 전파하기 위해 하나님에 의해 선택된 여러 사람들과 마찬가지로 세상을 바꾸지는 못할 것이라고 생각했었다. 그들은 악인들의 마음에서 증오심을 덜어 내지 못했다.

그리고 삶을 변화시키지도 못했다. 그것은 오직 하나님만이 할 수 있다고 생각했었다. 하지만 그분을 만난 후 나는 진실을 받아들이게 되었고 예수님의 참된 본성이 눈에 보이기 시작했다. 주 *예수그리스도* 그는 이 세상의 평화의 원천이자 평화의 왕이심을 알게 되었다.

예수가 곧 평화이시다

처음 에베소서 2:11~21을 읽었을 때 내가 얼마나 놀라고 흥분했었는지 생생하게 기억한다. 당시 나는 남아프리카의 예수전도단에서 나의 마음안에 자리잡고 있던 무슬림을 극복하고 있었다. 나는 이 성경 말씀에서 내 삶의 실제 모습을 보았다. 바울은 에베소에 사는 이교도들에게 편지를 썼다. 그는 그들이 그리스도와의 관계가 주의 사람들 특히 유대인들과의 관계도 변화시킨다는 사실을 이해하기를 바랬다. 우선 바울은 그들에게 이런 사실을 일깨웠다.

> 그러므로 생각하라 너희는 그 때에 육체로 이방인이요 손으로 육체에 행한 할례를 받은 무리라 칭하는 자들로부터 할례를 받지 않은 무리라 칭함을 받는 자들이라 그 때에 너희는 그리스도 밖에 있었고 이스라엘 나라 밖의 사람이라 약속의 언약들에 대하여 외인이요 세상에서 소망이 없고 하나님도 없는 자 이더니 이제는 전에 멀리 있던 너희가 그리스도 예수 안에서 그리스도의 피로 가까와졌느니라.
>
> – 에베소서 2:11-13

무슬림이었을 때의 나의 모습은 이방인이었던 바울의 모습과 흡사했다. 나는 하나님과 '멀리 떨어져' 있었으며 희망도 없었다. 하지만 하나님이 나를 당신 가까이 오게 하셨고 그렇게 함으로써 당신의 백성인 유대인 가까이 다가가게 하셨다. 바울이 적은 다음 구절도 나는 좋아한다. 예수께서 이전에 서로 원수였던 두 집단(이방인과 유대인)을 어떻게 화평하게 하셨는지에 대한 내용이다.

> 그는 우리의 화평이신지라 둘로 하나를 만드사 원수 된 것 곧 중간에 막힌 담을 자기 육체로 허시고 법조문으로 된 계명의 율법을 폐하셨으니 이는 이 둘로 자기의 안에서 한 새 사람을 지어 화평하게 하시고 또 십자가로 이 둘을 한 몸으로 하나님과 화목하게 하려 하심이라 원수 된 것을 십자가로 소멸하시고 또 오셔서 먼 데 있는 너희에게 평안을 전하시고 가까운 데 있는 자들에게 평안을 전하셨으니.

- 에베소서 2:14-17

이 화해의 놀라운 장면이 보이는가? 2천년 전에 십자가에서 예수께서 흘리신 보혈은 화해를 위한 것이었다. 예수께서는 인간과 하나님은 물론 인간과 인간 사이에 화평을 가져오셨다.

예수께서 멀리 있는 자들(이방인)과 가까이 있는 자들(유대인)에게 화해를 설교하셨다. 그분께서는 당신 자신을 통해서 유대인과 이방인 두 집단을 하나로 만드셨다. 그분께서는 '서로 원수가 되어 멀어지게 했던 증오의 담을 헐어 버리셨고 증오를 종식시키셨다.'

나는 나의 인생 경험에 의해 이것이 하나님의 말씀임을 증언할 수 있다. 하나님께서는 내 삶에서 이 말씀을 실천하셨다. 내 출신 배경은 무슬림이었지만 이제는 내 마음속에 유대인에 대한 사랑이 있음을 나는 알고 있다. 예수께서는 이방인과 유대인을 화해시키신 것처럼 무슬림과 유대인을 화해시키실 것이다.

사람들이 예수 그리스도를 통해 화해할 때 상황은 완전히 달라질 것이다. 바울은 이렇게 설명했다.

> 그러므로 이제부터 너희는 외인도 아니요, 나그네도 아니요 오직 성도들과 동일한 시민이요 하나님의 권속이라 너희는 사도들과 선지자들의 터 위에 세우심을 입은 자라. 그리스도 예수께서 친히 모퉁이 돌이 되셨느니라. 그의 안에서 건물마다 서로 연결하여 주 안에서 성전이 되어 가고 이는 저로 말미암아 우리둘이 한 성령안에서 아버지께 나아감을 얻게하려 하심이라 . - 에베소서 2:19-21

내가 기독교인이 되었을 때 나는 예수와 예수께서 하나님의 아들이라는 말씀을 믿는 모든 사람들과 한 가족이 되었다. 우리는 모두 함께 주님의 성전이다. 그야말로 화합과 평화가 구현된 모습이다. 마지막으로 이전에는 원수였던 사람들로 구성된 이 성전에 누가 사는지 살펴보도록 하자.

> 너희도 성령 안에서 하나님이 거하실 처소가 되기 위하여 그리스도 예수 안에서 함께 지어져 가느니라. - 에베소서 2:22

유대인, 이방인, 전 무슬림, 무신론자, 우상숭배자 할 것 없이 우리 모두는 예수의 제자로서 하나님의 성령이 거하시는 성전이 되는 것입니다.

예수가 평화의 통로이기 때문에 무슬림들과 유대인들의 관계에 희망을 가질 수 있다니 얼마나 경이로운 일인가. 동시에 이는 우리 기독교인들의 커다란 과제이기도 하다.

그저 팔짱을 끼고 앉아 무슬림들과 유대인들이 하는 대로 내버려 둘 수는 없다.

여기 교회가 어떻게 그들에게 다가갈 수 있는지 적어보았다.

1. 예수께서 주신 위대한 소명을 받아들여라.

예수께서는 마태복음 28:19에서 "가서 이 세상 모든 사람들을 내 제자로 삼아라." 라고 말씀하셨다.

그러므로 우리는 무슬림들과 유대인들 모두를 도와줘야 한다.

2. 준비하라.

교회는 이 특별한 소명에 요구되는 일꾼들을 길러야 한다. 이들은 현장에 나가기 전에 특별한 훈련을 받고 장비를 갖춰야 한다. 교회는 이 임무에 필요한 자금을 지원하기 위해 예산을 모아 두어야 한다.

3. 지원하라.

최전선의 선교사들에게는 도와줄 기도 동역자가 필요하다. 이 기도의 용사들 중 일부는 선교 본부에서 선교 현장 최일선까지 이동해야 한다.

기도 용사는 일꾼들과 함께 기도하고 이들에게 복음을 전파하기 위해 힘과 기회를 주라고 주님께 간구하는 일을 한다. 아울러 현장에서 기도하는 일도 하게 되는데 하나님의 구원이 이 사람들과 이 땅에 일어나기를 간구한다.

4. 협동하라.

교회는 가능하다면 언제나 전무슬림들과 유대인들과 협동하여 일해야 한다. 이들은 자신의 민족과 영토, 문화 등에 대해 훤히 꿰뚫고 있기 때문에 그들에게 진리를 어떻게 제시해야 하는지도 잘 알고 있다.

5. 현명하게 행동하라.

일부 무슬림 정부는 무슬림들을 개종시키려는 시도를 법으로 금지한다. 그렇다고 해서 전도를 중단할 수는 없겠지만 전도 방법을 바꾸는 기지를 발휘하도록 해라.

가장 효과적인 방법

무슬림들 사이에 들어와 이미 복음을 전파하고 있는 여러 단체가 있다니 참으로 고마운 일이다. 각 단체마다 가장 좋아하는 방법이 있고 그 효과 또한 다양하다.

내가 무슬림을 선교하는 친구와 함께 남아프리카에 있을 때의 일이다. 어느날 나는 그와 함께 호텔에 가서 그 지역 출신의 무슬림들을 만났다. 내 친구는 무슬림 지도자에게 신약성경 한 권을 주었다. 그 무슬림 지도자는 우리 곁을 떠나 부엌으로 갔다.

나는 무슨 일이 벌어지고 있는지 직감으로 알았다. 그는 그 성경책을 쓰레기통에 던져 넣으려고 부엌으로 갔던 것이다. 나는 그를 따라 부엌으로 들어가 쓰레기통을 찾기 시작했다. 아닌게 아니라 쓰레기통 안에 성경이 있었다.

"성경을 받고 싶지 않다고 내 친구에게 말하지 그랬어요?"라고 내가 그에게 물었다.

그는 아무 대답도 하지 않았다. 내가 말했다. "만일 당신이 나한테 꾸란 한 권을 줬는데 내가 그것을 쓰레기통에 버린다면 어떤 일이 벌어졌을까요?"

그가 말했다. "당신을 죽였겠지요."

여기서 내가 말하려는 점은 무슬림에게 그저 성경을 주는 것만으로는 마음을 움직일 수 없다는 것이다. 그의 마음에는 이미 다른 종교에 대해 너무나 많은 저항이 구축되어 있다. 복음을 들을 마음의 준비가 되어 있지 않는 한 그는 성경을 펴보지 않을 것이다.

무슬림은 어째서 복음에 대해 그토록 강렬한 저항감을 가지고 있는 것일까? 그들의 관점에서 볼 때 그들에겐 복음이 필요하지 않다. 그들은 이미 알라를 숭배하고 있다. 그들에겐 이미 경전도 역사도 있다. 이슬람은 단지 모스크에서만 행하는 대상이 아니라 그들의 생활이다. 그들의 문화와 종교는 완전히 섞여 하나가 되었다.

나는 무슬림들을 선교하는 가장 좋은 방법은 1대 1 관계를 형성하는 것이라고 생각한다. 아무리 적은 수의 집단이라 하더라도 무슬림 집단에게 말하는 것은 피하라고 조언하고 싶다. 왜냐하면 무슬림들은 다른 사람들 앞에서는 이슬람을 의심하지 않는 것처럼 보이고 싶어 하기 때문이다.

무슬림들이 모여 있는 이런 상황에서 선교를 하려 한다면 커다란 논쟁을 불러올 뿐이다. 왜냐하면 꾸란이 무슬림들에게 논쟁하라고 가르치고 있기 때문이다.

이것은 단단한 바위다. 어떻게 하면 이 바위를 움직일 수 있을까?

그러므로 다시 한번 말하지만 무슬림들에게 다가가는 가장 좋은 방법은 1대 1로 대화를 나누는 것이다. 대화할 때에는 상대를 잘 배려하도록 해라. 우정이란 것이 남자와 남자, 여자와 여자, 젊은이와 젊은이, 노인과 노인 사이에 생겨나는 것이다.

어려운 일이겠지만 수많은 질문에 대답해야 한다. 앞에서도 말했지만 무슬림과의 최전선에서 일하는 사람들에게는 기도지원을 해야 한다. 여러분이 부딪히게 될 가장 큰 난제 가운데 하나는 종교적 고

이슬람과 유대인,
그 끝나지 않은 전쟁

정관념(spirit of religion)이다.

이 종교적 고정관념에 대해 성경에서 어떻게 말하고 있는지 살펴
보도록 하자.

종교적 고정관념

무슬림이 살고 있는 곳이 어디이든 - 서방이든, 동방이든 - 그들 사이
에서 종교적 고정관념을 발견하게 된다(무슬림과 유대인의 화해를 도모하
는). 조정자들은 복음이 이 사람들의 마음을 감화시킬 수 있도록 하
나님께서 이 고정관념을 통제해주실 것을 간구해야 한다.

종교적 고정관념 때문에 사람들은 사탄의 속임수에 빠져 그저 자
신들에게 좋아 보이는 행동을 하면서도 하나님을 기쁘게 하고 있다
고 착각한다. 즉 종교적 고정관념 때문에 사람들은 하나님이 원하는
행동을 하는 대신에 종교적인 행위를 하게 되는 것이다.

무슬림은 종교적 의례를 행하는 데 많은 시간과 에너지를 쓰지만
이런 행위가 하나님을 기쁘게 하는 것은 결코 아니다. 이것은 그들의
생활에 작용하는 사탄의 커다란 속임수이다.

믿는자들 사이에서의 종교적 고정관념

심지어 성경의 하나님을 숭배하고 있는 사람들 사이에서도 종교
적 고정관념을 발견하게 될 것이다. 성경구절 가운데 이 종교적 고정
관념을 가장 효과적으로 드러내고 있는 부분은 이사야서 58장이다.

하나님의 백성들은 하나님께서 흡족해 하시리라 생각하고 단식을 하고 있었지만 하나님께서는 응답하지 않으셨다. 왜 그랬을까? 하나님께서 이렇게 설명하셨다.

> 우리가 금식하되 어찌하여 주께서 보지 아니하시오며 우리가 마음을 괴롭게 하되 어찌하여 주께서 알아주지 아니하시나이까 하느니라. 보라, 너희가 금식하는 날에 오락을 구하며 온갖 일을 시키는도다. 보라, 너희가 금식하면서 논쟁하며 다투며 악한 주먹으로 치는도다. 너희의 목소리를 상달하게 하려는 것이 아니니라. - 이사야서 58:3-4

다시 말하면 너희가 주위 사람들과 싸우면서 아무리 하나님께 존경의 예배를 드린다 해도 그것은 받아들여지지 않을 것이다. 하나님께서 흡족해하는 사람은 종교적 의례를 수행하는 것에 그치는 사람이 아니다. 그분께서 이렇게 말씀하셨다.

> 내가 기뻐하는 금식은 흉악의 결박을 풀어 주며 멍에의 줄을 끌러 주며 압제 당하는 자를 자유하게 하며 모든 멍에를 꺾는 것이 아니겠느냐. 또 주린 자에게 네 양식을 나누어 주며 유리하는 빈민을 집에 들이며 헐벗은 자를 보면 입히며 또 네 골육을 피하여 스스로 숨지 아니하는 것이 아니겠느냐.

> 그리하면 네 빛이 새벽 같이 비칠 것이며 네 치유가 급속할 것이며 네 공의가 네 앞에 행하고 여호와의 영광이 네 뒤에 호위하리니. 네가 부를 때에는 나 여호와가 응답하겠고 네가 부르짖을 때에는 내가 여기 있다 하리라. 만일 네가 너희 중에서 멍에와 손가락질과 허망한 말을 제하여 버리고 - 이사야서 58:6-9

하나님께서는 당신의 백성들에게 압제받고 굶주리고 집과 옷이 없는 자들을 보살피라고 말씀하셨다. "이 사람들을 보살펴라. 그러면 너희는 나를 기쁘게 할 것이다." 하고 말이다

예수께서는 유대교 회당에서 종교적 고정관념에 부딪치셨다. 안식일에 설교하고 계셨는데 그때 열여덟 해 동안이나 병마에 사로잡혀 불구로 지내온 여자를 보시고는 그 병을 고쳐주셨다. 그러자 유대교 지도자들이 분개하며 사람들에게 말했다.

회당장이 예수께서 안식일에 병 고치시는 것을 분 내어 무리에게 이르되 일할날이 엿새가 있으니, 그동안에 와서 고침을 받을 것이요. 안식일에는 하지 말 것이니라 하거늘. - 누가복음 13:14

그들은 예수가 그저 한 인간이거나 메시아가 아니라 예수는 하나님 자신이요 모세의 율법이 하나님 자신이라는 것을 잊었던 것이다.

예수께서 말씀하셨다.

"주께서 대답하여 이르시되 외식하는 자들아 너희가 각각 안식일에 자기의 소나 나귀를 외양간에서 풀어내어 물을 먹이지 아니하느냐?" - 누가복음 13:15

이 예화에서 예수께서는 이사야서 58장의 하나님의 말씀을 실천하셨다. 하나님께서는 율법은 숭배하면서도 하나님의 자비심을 잊어버리는 자들이 아니라 성령에 의해 인도되는 올바른 사람을 원하신다는 것을 그분께서 다시 한번 보여 주셨던 것이다.

종교적 고정관념은 무슬림들과 유대인들 사이에 막강하다. 중동

지역의 교회는 물론 여러교회에서도 발견된다. 다음 장에서는 중동의 교회에 대해서 살펴보도록 하자. 중동의 교회에는 아직도 해결해야 할 과제가 많지만 복음을 필요로 하는 수많은 유대인들과 무슬림들에게 다가갈 수 있는 가장 좋은 위치에 있다.

어느날 내가 미국의 아랍계 교회에서 강연하기 전 그 교회의 목사가 나를 소개할 때 〈700클럽〉에서 인터뷰한 적이 있다는 사실을 언급했다. 〈700클럽〉은 이스라엘을 강력히 지지하는 목회자 팻 로버트슨이 진행하는 TV프로그램이다.

내 연설이 끝나갈즈음 한 아랍인 남자가 일어서서 나를 비난하기 시작했다. "어째서 당신은 〈700클럽〉의 출연제의를 수락하셨죠? 팻 로버트슨이 누구인지 모릅니까? 그 사람은 기독교인이 아니라 시오니스트입니다. 우리 민족을 죽이고 우리의 집을 부순 이스라엘 유대인들을 지지하는 사람이란 말입니다."

나는 이 남자가 무슬림이라고 확신했다. 나는 그에게 친절히 말했다.

"이제 강연이 거의 다 끝나갑니다. 강연 후에 밖으로 나가서 커피를 마시며 얘기를 나누도록 하지요." 나중에 나는 그 남자와 이야기하다가 그가 기독교인이라는 사실을 알고 무척 놀랐다. 그는 마치 무슬림들처럼 이스라엘에 대해 이야기 하고 있었다.

애석하게도 유대인에 대한 그의 이런 태도는 중동의 교회에서는 흔한 것이었다.

이 장을 쓸 때 나는 중동에 있는 교회의 상황을 잘 알릴 수 있게 도와달라고 하나님께 기도했다. 서방의 기독교인들은 이곳의 교회가 자신들의 교회와 얼마나 많이 다른지에 대해 알고나면 무척 놀랄 것이다.

실종된 전도자들

중동의 교회에 있어서 가장 안타까운 점은 전도자들이 없다는 것이다. 중동의 교회는 무슬림들과 유대인들에게 복음을 전하여 그들이 서로 화해할 수 있도록 도와줄 기회를 가지고 있다. 하지만 불행히도 이런 일은 일어나지 않고 있다.

중동의 교회는 무슬림이나 유대인을 도와주고 싶어 하지 않는다. 오히려 기독교인들은 무슬림들이 개종하면 박해를 받음으로 무슬림들을 피하고 싶어한다. 이런 태도는 아마 여러분을 놀라게 했을 것이다. 하지만 중동의 교회는 불의 땅에서 생존해왔고 그 에너지의 대부분을 불타 없어지지 않는데 주력한다는 점을 기억한다면 도움이 될 것이다. 다시 말해 중동의 교회는 생존모드에 있는 것이다.

기독교인들은 무함마드의 군대가 그 지역을 정복한 이래 중동의 정치에 의해 좌우 되어왔다. 그런 점에서 기독교 지도자들은 또한 자유롭지가 않다.

그들은 정부의 그늘에 있다. 그 결과 그들은 지역체로부터 격리되어 왔다. 그들은 어떤 새로운 사람을 교회로 데려오는 위험을 감수하려 하지 않는다.

이집트에서 기독교인이 되었을 때 나는 예배를 드릴 교회를 찾는데 상당한 어려움을 겪었다. 나는 세 명의 목사를 직접 만났지만 그들은 자기 교회에서는 나를 받아들일 수 없다고 했다. 결국 나는 시내의 비밀경찰로부터 멀리 떨어져있는 수도원이 나를 도와줄 수 있을 거라는 희망을 가지고 카이로 외곽의 수도원을 찾아갔다. 그들 조차도 거절했지만 대신 도와줄 수 있는 목사님의 이름을 알려주었다. 나는 그 다음날 그 교회를 찾아갔다. 처음에 그 목사님은 무척 엄격했는데 아마도 내가 정직한지 알아보려는 것 같았다. 그는 나를 받아들였고 이집트를 떠날 때까지 나는 약 1년 동안 그 교회에서 예배를 드렸다.

무슬림 개종자들을 도와주는 커다란 위험을 기꺼이 감수해준 그 목사님에게 이 기회를 빌려 감사의 말을 전한다. 나는 그를 곤경에 처하지 않게 하려고 주의를 기울였다. 교회에 갈 때에는 과격한 무슬림들이 추적하지 못하도록 내 차를 몰고 가는 대신 버스를 탔다. 그리고 교회의 다른 교인들에게 내 이야기를 하지 않았다. 또한 교회의 문 앞에서 경비를 서고 있는 이집트 경찰의 검문을 받지 않으려고 주의했다. 이 경찰이 내 얼굴에 익숙해질 때까지 나는 많은 사람들과 섞여 문을 드나들었다.

지금까지의 내 이야기만으로도 여러분은 중동의 교회가 공포와 위협 속에 존재하고 있다는 사실을 알았을 것이다. 그들이 이스라엘에 적대적인 무슬림의 태도를 취한 데에는 이런 이유가 작용했던 것같다. 무슬림과의 관계에는 조금은 도움이 되었을 것이다. 여기에 중동 교회의 믿음 체계를 대표적으로 보여주는 예를 제시한다.

중동의 교회들은 유대인에게 적대적이다.

이집트에 있는 콥트 정교회의 수장인 쉐누다(Shenuda) 사제는 유대인에 대한 교회의 신념을 표현하는데 탁월한 능력을 인정받아 왔다. 중동의 기독교인 대부분은 정통파든 복음주의든 상관없이 이 사제의 신념에 동의한다. 어느 책에 게재된 인터뷰 기사에는 그의 견해가 잘 표출되어 있다.

하나님은 유대인들과 관계를 끊으셨다

쉐누다 사제가 말하기를, "우리 기독교에서는 하나님은 이미 유대인들과 관계를 끊으셨다고 말합니다. 과거에는 유대인이 선택된 민족으로서 하나님의 메시지를 받았고 성경을 보호했지만 이제는 기독교인이 그 직책을 대신 맡았습니다. 이제 더 이상 하나님의 계획에 유대인의 자리는 없습니다."[1]

---

1. 라엡 알 바나(Rajeb Al Banah),「쉐누다 사제와의 인터뷰(*Interviews With Pope Shenuda*)」(이집트 카이로, Dar Al Maarif, 1997) 242~265p.

하나님은 유대인들에게 현 이스라엘에 대해 어떠한 권한도 주지 않으셨다.

유대인이 약속의 땅으로 돌아온다고 나와 있는 성경의 언급에 대한 질문에 쉐누다 사제는 이렇게 대답했다. "성경에 나와 있는 이스라엘에 대한 하나님의 약속은 현재가 아니라 과거에 대해 말하고 있는 것입니다. 그것은 미래에 대한 약속이 아니었습니다. 구약성경에서 유대인에게 하신 약속은 당시의 유대인들에게 하신 약속이지 현대의 유대인들에게 하신 약속이 아닙니다."[2]

무슬림들은 예수를 메시아로 인정하지만 유대인들은 예수를 메시아로도 인정하지 않기 때문에 기독교인들과 무슬림들이 기독교인들과 유대인들보다 공통점이 더 많다.

쉐누다 사제는 "이슬람은 예수 그리스도가 동정녀 마리아에게서 태어났다는 것을 믿을 뿐 아니라 예수께서 행하신 기적들도 믿고 있습니다. 꾸란에도 이런 내용들이 기술되어 있지요. 이슬람은 기독교인들을 성경의 백성이라고 부릅니다. 이슬람은 우리를 인정하고 존중하지만 유대인들은 모든 종교를 부정합니다."[3]

중동교회의 또 다른 아랍계 지도자도 같은 진술을 했다. 그는 다음 이유를 들며 하나님께서 유대인보다 무슬림을 더 지지할 것이라고 단언했다.

---

2. 같은 책.
3. 같은 책.

유대인들은 예수를 거부하고 부인했지만 아랍의 무슬림들은 예수 그리스도를 거부하지 않았다. 그들은 예수를 믿었다. 하나님께서 왜 예수를 부인하고 거부하고 죽인 사람들(유대인)의 편을 들고 예수를 메시아로 믿은 사람들(무슬림)에게 등을 돌리겠는가?[4]

기독교인들은 예루살렘 통치권이 아랍으로 넘어올 때까지 이스라엘을 방문해서는 안된다.

쉐누다 사제는 콥트 교회(예수의 단성설을 주장하여 카톨릭에서 이탈한 이집트교회 – 편집자주) 교인들에게 이스라엘 방문을 금지했다. 그는 그 이유를 이렇게 설명했다.

1. 만일 우리가 이스라엘을 방문한다면 이스라엘이 아랍인과 팔레스타인들에게 하는 행동에 우리가 동의한다고 말하는 것이나 다름없다.
2. 우리가 이스라엘에서 쓰는 돈은 유대인이 아랍인들과 싸울 때 사용할 수입원이 될 것이다.

그는 이렇게 선언했다. "나는 예루살렘이 유대인의 손에서 아랍인

---

4. 이크람 라매(Ikram Lamae), 『예수 그리스도의 재림과 유대인의 약속의 땅으로의 귀환 사이에는 어떤 관계가 있을까?(*Is There Any Relation Between the Second Coming of Jesus Christ and the Return of the Jews to the Promised Land?*)』(이집트 카이로: Dar Al Sakafah, 1990) 14p.

의 손으로 넘어간 후에야 그곳을 방문할 것이다. 예루살렘이 해방되는 날 나는 쉐이크 알 아즈하르(알 아즈하르의 이슬람 최고 지도자)와 손을 잡고 예루살렘에 갈 것이다."[5]

전통의 아성/종교적 고정관념

구약성경을 인정하지 않는다.

유대인에 대한 태도 때문에 중동의 기독교인들 대부분은 구약성경의 타당성을 믿지 않는다. 아랍의 교회에서 목회자로 일하는 내 친구는 언젠가 내게 이렇게 말했다. "내가 구약성경의 구절을 중심으로 설교를 하려고 하면 사람들이 이렇게 말하곤 한다네. '우리는 구약성경을 믿지 않아요. 계속 구약성경 내용을 설교하신다면 다시는 교회에 오지 않겠어요.' 라고 말일세."

이 기독교인들은 구약성경이 오직 유대인을 위해 씌어진 것이라고 말했다. 이들은 구약성경이 하나님께서 전 세계의 모든 사람들에게 말씀하신 것임을 인정하지 않았다.

아랍어 성경에 미친 아랍 문화의 영향

중동 지역의 교회에서 또 하나의 중대한 이슈는 아랍어 성경에서 '하나님(God)'을 어떻게 번역하느냐 하는 것이다. 대부분의 서방인

---

5. 알 바나(Al Banah), 『쉐누다 사제와의 인터뷰』.

들은 아버지 하나님이 아랍어 성경에 어떤 용어로 번역되어 있는지 알게 된다면 충격을 받을 것이다. '알라'라고 되어 있다. 그러니까 요한복음 3:16은 이렇게 시작된다. "*알라께서 세상 사람들을 너무 사랑하셔서…*" 아랍어 성경에서 삼위일체의 신을 지칭할 때에는 '*아들 알라*',

혹은 '*성령 알라*'라는 명칭을 사용한다.

나 자신의 의견을 말하자면 나는 아랍 경전의 이런점을 무척 싫어한다. 나는 이슬람에서 해방된 사람이고 내 성경책에서 '*알라*'라는 명칭을 보고 싶지 않다. '*알라*'라는 명칭을 볼 때마다 증오심, 파괴, 살인, 분노, 기만, 이중적 편견, 절망 등이 떠오른다.

하지만 아랍의 기독교인들은 '*알라*'라는 명칭은 아랍의 전통에서 기원한 것이기 때문에 마음에 든다고 말한다. '*알라*'라는 명칭은 이슬람이 등장하기 이전에 아라비아에서 이미 사용되던 것이라고 주장한다. 그렇다면 '*알라*'가 하늘에 계신 유일신을 지칭하는 것이 아님을 스스로 드러내는 자가당착이 아닌가?

나는 중동의 교회에 고쳐야 할 종교적 고정관념이 존재한다는 사실을 여러분에게 이해시키기 위해 이 문제를 언급했다. 이것은 단지 여러 증거 가운데 하나일 뿐이다.

두려움

이곳의 교회에서 해결해야 할 또 하나의 커다란 문제는 두려움이다. 나는 기독교 전도활동에 적극적인 훌륭한 아랍인 여성을 알고 있다. 그녀가 내게 이런 이야기를 해주었다.

어느날 내 아들이 내게 이렇게 묻더군요. "엄마, 만약 무슬림 광신도가 엄마한테 이슬람으로 개종하지 않으면 아이들을 죽이겠다고 협박하면 어떻게 하시겠어요?"

나는 잠시 생각한 다음 이렇게 말했어요. "설사 그 사람이 내 아이들을 죽인다고 협박하더라도 나는 예수님을 저버리지 않을 거란다."

아들이 방을 나가며 이렇게 말하더군요. "엄마에게서 이런 대답을 듣게 되어서 정말 기뻐요. 엄마의 삶에서 나와 형들도 예수 그리스도의 자리를 대신하지 못한다는 것을 알았어요. 고마워요, 엄마. 엄마 덕분에 예수 그리스도를 어떻게 믿어야 하는지 알게 되었으니까요."

이 가족은 다음의 성경구절을 정말로 실천하며 살고 있었던 것이다.

아버지나 어머니를 나보다 더 사랑하는 자는 내게 합당하지 아니하고 아들이나 딸을 나보다 더 사랑하는 자도 내게 합당하지 아니하며

— 마태복음 10:37

예수의 보혈이 사탄을 좌절시키고 두려움의 요새를 파괴했기 때문에 제자들은 복음을 전 세계에 전파할 수 있었다. 예수께서 제자들에게 이렇게 말씀하셨다.

몸은 죽여도 영혼은 능히 죽이지 못하는 자들을 두려워하지 말고 오직 몸과 영혼을 능히 지옥에 멸하실 수 있는 이를 두려워하라

— 마태복음 10:28

많은 박해를 받았던 바울은 이렇게 적었다.

또한 모든 것을 해로 여김은 내 주 그리스도 예수를 아는 지식이 가

장 고상하기 때문이라. 내가 그를 위하여 모든 것을 잃어버리고 배설물로 여김은 그리스도를 얻고 - 빌립보서 3:8

하나님께서 내리신 위대한 소명을 교회가 수행하지 못하도록 방해하는 어떤 종류의 아성도 하나님께서 파괴해 주실 것을 간구한다. 매일 나는 하나님께 기도를 드린다. 나는 교회가 무슬림들에 대한 두려움을 극복할 수 있게 해달라고 하나님께 간구한다.

감화시키는 하나님

중동의 기독교인들 중에는 그 지역 특유의 이런 전형적 패턴에서 탈피한 이들도 있다. 이들은 만나는 모든 부류의 사람들에게 복음을 알리기 위해 열심히 그리고 용감하게 일한다. 이들은 훌륭한 사람들이고 나는 이 사람들을 위해 기도한다. 카이로에 살고 있는 서른 살의 젊은 A, B 목사 같은 사람들의 용기에 경의를 표한다. 그는 이집트 복음주의 교회에서 양육받았고 그곳에서 무슬림들에게 복음을 알리며 지하활동을 벌이고 있다.

나는 한 기독교 대학에서 강의를 할 때 그를 만났는데 그는 내게 이렇게 말했다. "저는 하나님을 믿는 자녀로서 우리의 책임은 중동의 유대인을 전도하고 우리의 체험을 그들에게 간증하고 메시아에 대해 알리는 것이라고 생각합니다."

이는 내 열망이기도 하다. 나는 하나님께서 유대인과 무슬림을 위해 중동의 교회에 사랑을 주시기를 간구한다. 나는 교회가 중동에서 무슬림들과 유대인들 사이를 연결하는 다리가 될 수 있기를 기도한다. 나는 주님께서 그들의 마음을 바꾸고 그들로 하여금 주님의 말씀과 예수 그리스도의 마음을 더 잘 이해할 수 있게 해주시기를 기도한다.

하나님은 성실하시므로 우리의 기도에 응답하실 것이다. 그분은 어느 누구보다 당신의 교회가 소명을 다하기를 바라신다. 그분은 당신의 교회를 위한 계획을 가지고 계시고 그 계획을 이행하실 것이다.

하나님의 성령은 매일 중동에 거주하는 기독교인들과 기독교 지도자들의 마음을 감화시키신다. 주님께서는 그의 자녀들에게 눈을 뜨게 하시므로 그들의 눈에 유대인과 무슬림에 대한 하나님의 열정을 보게 할 것이다.

예수의 능력을 뛰어넘어 변화시킬 자는 아무도 없다. 여기에 나는 이전에 무슬림이었던 두 사람의 이야기를 들려주려고 한다. 첫 번째는 팔레스타인 해방기구(Palestinian Liberation Organization) 전사로 이스라엘에 대항한 전투에 참전하였던 남성이었다. 두 번째는 여성으로서 레바논에 본부를 둔 급진 이슬람 무장저항단체인 헤즈볼라 단원이였다.

전직 PLO단원이 유대인들에게 복음을 전하다

이것은 사우디아라비아에서 자라 PLO를 위하여 싸웠던 한 팔레스타인 젊은이의 놀라운 간증이다. 그는 말한다.

1967년 6일 전쟁이 끝난 뒤 나는 사우디아라비아를 떠나 요르단의 PLO에 참가하여 유대인들과 전쟁을 하거나 그들을 죽이는 일에 참전하였다. 나는 요르단과 이스라엘의 국경지역에 배치되어 1960년대부터 1970년대까지 PLO와 이스라엘간에 벌어진 수많은 전투에 참전하였다. 어느날 전우 두 명과 참호에 있는데 갑자기 이스라엘군의 폭탄이 우리 막사 한 가운데로 떨어졌다. 내 오른편에 있던 그들은 날아가 버렸고 바로 그 자리에서 즉사하였다. 나는 병원에 실려 갔지만 전혀 부상을 입지 않은 것을 나중에 알게 되었다.

1974년 요르단을 떠나 걸프만으로 돌아갔다. 내 부모님은 나에게 이집트에 가서 학업을 계속할 것을 강요하였다. 그러나 나는 이집트보다는 미국에 가서 공부를 계속할 것을 희망한다고 말씀드렸다. 부모님은 매우 화를 내시면서 "그것은 불가능해. 우리들은 너를 거기에 보낼 수 없어. 미국은 큰 사탄의 나라가 아닌가."라며 반대하셨다. 부모님과 많은 갈등이 있었지만, 끈질기게 설득을 한 끝에 마침내 나의 미국행을 허락받았다. 나는 미국에 와서 대학에 입학을 하였다.

나는 우연히 미국인이면서 기독교인 친구를 만나 그로부터 예수님과 복음을 알게 되었다. 처음에는 예수 그리스도가 구세주라는 사실을 받아들이지 않았다. 예수님이 하나님의 독생자라는 사실도 받아 들일수 없었다.

그러나 그 기독교인 친구는 요한복음서를 주면서 예수 그리스도의 진리와 예수님은 하나님의 독생자이신 구세주임을 설명하였다. 나중에 주님이 나의 마음에 들어오셨고 그분은 구세주이심을 믿게 되었다. 나는 예수님을 만나게 되므로 마치 내 등뒤에 짊어지고 있는 큰 산을 내려놓는 느낌이 들었다. 나의 삶에서 예수 그리스도의 위로와 평화를 체험할 수가 있었다.

성경을 통한 하나님의 말씀은 나에게 아주 간단한 방법으로 찾아왔다. 하나님은 나에게 "다른 사람을 사랑하라. 너의 원수까지라도…"

하는 가르침을 주셨다. 우리 주님은 그 첫 번째 대상으로 한때는 내가 싸웠어야만 했던 철천지 원수 같은 민족인 유대인을 내 마음에 주셨다. 내가 구원받은 다음 나는 유대인들을 위하여 기도하기 시작하였다. 수십 번이고 나는 나 자신에게 되묻곤 하였다.

"왜 나는 그들처럼 이 백성들을 미워하였을까? 왜 나는 그들을 나의 원수라고 선언하고 그들을 몰아내고 죽이려고만 하였을까?"

나는 나의 삶이 이슬람적인 신념과 문화에 기만당해 왔던 것을 깨닫게 되었다.

이 사람의 삶은 드라마틱하게 변화되었다. 그는 지금 미국에 있는 유대인 공동체의 일원으로 예수 그리스도의 사랑을 전하고 있다. 주님은 이처럼 그를 놀라운 방법으로 사용하고 계신다.

한때는 팔레스타인 무슬림으로 유대인을 죽이고 팔레스타인 해방기구의 전사였으나 지금은 예수 그리스도가 진정한 해방자이시고 진정한 자유를 주시는 분임을 알게 된 것은 놀라운 기적이 아닐 수 없다.

이제 아라파트의 군대를 대신해서 그는 하나님의 나라 군대에 소속되어 유대인의 삶에 종말을 가져다주는 것이 아니라 유대인의 삶을 새롭게 시작하게 해주는 일을 하고 있다.

헤즈볼라 무장여전사가 메시아닉유대인을 통해 예수를 만나다.

내가 미시간주에서 3년 동안 머무른 적이 있었는데 그때 레바논에서 온 예수님을 영접한 한 무슬림 여인을 만났다. 내가 그녀와 대화를 나누는 시종일관 이 여인의 무거운 과거 이야기를 듣게 되었다.

나는 미국에 오기전의 그녀의 삶에 대해 많은 흥미를 가지게 되었는데 주님은 나의 기도에 응답을 주셨다. 그리고 나는 그녀를 인터뷰하였는데 그 내용은 다음과 같다.

1967년 6일 전쟁이 끝난 후 요르단 왕이 요르단에 있는 수천 명의 팔레스타인들을 죽였던 검은 7월 나는 팔레스타인들을 위하여 무엇인가 해야 할 일을 느꼈다. 나는 내가 살고 있는 곳을 중심으로 음식과 옷을 모으기 시작하여 그것들을 컨테이너에 싣고 팔레스타인 난민촌으로 갔다.

그 현장은 아랍의 무슬림들과 유대인들 사이에 벌어졌던 중동 전쟁에 대해 확실한 깨달음을 주었다. 나는 중동에서 이스라엘이 존재해야 할 아무런 권리도 증거도 없다는 것을 믿게 되었다.

왜냐하면 그곳은 무슬림의 땅이기 때문이다. 나는 그곳이 유대인들을 위한 약속된 땅이 아님을 믿었다.

나는 그곳에 이스라엘이나 유대인들을 위한 것이 아닌 진정한 이슬람 국가와 팔레스타인 나라를 세워야만 하는 것을 배웠다.

1975년 나의 아버지가 돌아가신 후 나는 남부 레바논(헤즈볼라)에 있는 이스라엘과 싸우기 위한 이슬람 무장단체에 참여하기로 결정하였다.

나는 교관이 되어 젊은이들에게 무기(권총이나 로켓포)를 사용하는 방법과 남부 레바논에 있는 유대인들과 어떻게 싸워야 하는가를 가르쳤다.

나는 아버지가 돌아가신 후 5년동안 이념투쟁과 이슬람 교리 속에 살았다. 이 투쟁 기간 동안 나는 유대인들뿐만 아니라 유대인의 손아귀에서 팔레스타인을 해방시키고 싸우는 일과 유대인의 면전에서 아랍국가들이 너무 약하여 그들의 책임을 잊어버리는 일에 크게 분노하고 증오를 품었다.

아랍국가와 아랍권 주변 국가들에 대한 실망감으로 나는 항상 이런 질문을 되뇌었다. **"알라, 당신은 어디에 계십니까?"**

내가 꾸란을 읽기 시작할 때 이 문제는 바로 무슬림과 유대인 때문이 아니라 먼저 알라와 유대인 관계인 것을 알게 되었다. 이러한 상황에서 **알라는 진정 유대인들의 편일까?** 하는 것을 내 자신에게 되물어보곤 하였다. 왜냐하면 유대인들은 다른 나라들과 전쟁을 하면서 또 한편으로는 동시에 아랍국가들과 전쟁하는 것을 멈추지 않았을 뿐만 아니라 1948년, 1956년, 1967년, 1973년 등 이 전쟁에서도 **유대인들은 늘, 항상 승리하였었다.** 지금까지 나는 **내가 아는 알라와 유대인들의 하나님은 같은 분**이라고 꾸란에 씌여있는 데로 알고 있었는데 **내가 알고 있는 알라와 하나님은 다른 분이란 말인가?** 정말 **유대인들을 이기도록 도와주고 보살펴 주는 하나님은 따로 존재하고 있단 말인가?** 라는 의심을 품게 되었고 나는 이 하나님에 대해서 자세하게 연구하기 시작하였다.

나의 아버지는 항상 내가 레바논을 떠나 평화롭고 안정된 생활을 위해 미국에 갈 것을 원하셨다. 아버지가 돌아가신지 몇년 후 나는 아버지와의 그 약속을 지키기 위해 중동을 떠나 미국으로 오게 되었다.

주님은 내가 미국에 왔을 때 내 삶에 기적을 베풀어 주셨다. 내가 미국인 교회에 초대되어 거기에서 기독교인이 된 한 유대인 여인을 만났다. 그녀는 이 교회에 다니고 있었고 우리는 친구가 되어 그녀는 나에게 예수를 알게 해주었다. 그녀를 통해서 나를 이슬람에서 구출해 내셨으며 하나님의 나라에 들어가 그녀의 가족이 되도록 해주셨다.

나의 삶에 하나님의 계획에 대한 가장 극적인 것은 그분은 유대인을 통해 예수를 알게 해주었고 예수를 따르게 해주었다는 사실이다. 주님은 내 자신과 유대인 사이의 가로놓여 있는 모든 것을 깨뜨려 주셨다. 주님은 이슬람의 본성과 내가 자라면서 가졌던 유대인에 대한 혐오감을 파괴시켜 주었다. 그분은 이 유대인 여인을 통해 예수님의 보혈로 나와 한 자매가 되도록 해주셨다.

내가 구원받기 전 나는 예루살렘 땅을 유대인들의 손에서 구해 내어 무슬림들이 반드시 돌려받아야 하는 것으로 굳게 믿고 있었다. 알라를 향한 나의 기도는 무슬림들이 꼭 그렇게 되기를 바라고 유대나라로부터 승리하는 것이었다.

그리고 내가 구원받은 뒤에는 비무슬림들 특히 유대인들에 대한 민족적 우월감을 분토처럼 내려놓았다.

오늘날 나는 예수 그리스도를 알게 된 다음부터는 단지 한 나라만을 위해서가 아니라 무슬림들을 포함한 유대인들과 전 세계 인류를 위하여 기도하고 있다. 나는 예수님이 아니고는 무슬림과 유대인 사이를 화해시켜 주실 분이 결코 아무도 없다는 사실을 믿고 있다. 유대인들과 무슬림들이 그분을 영접하고, 그분의 보혈로 구원을 받게 되므로 중동에 참 평화를 주실 분은 오직 주님 뿐이시다는 사실이다.

결론

나는 우리가 무슬림들 중에서 하나님께로 돌아온 이와 같은 더 많은 간증들을 들을 수 있게 될 줄 믿는다. 2001년 9·11사건은 무슬림 복음전도에 적극적인 효과를 가져왔다. 그날은 무슬림을 포함한 전 세계에 과연 호전적인 이슬람이 어떤 것인지를 보여주었다.

나의 추측으로는 지난 2백 년 동안 회심한 숫자보다 9·11 사건이 일어난 뒤 그 해에 기독교인이된 무슬림들이 더 많았다.

이 책의 원제목은 『이슬람과 유대인』이다. 이는 유대인에 대한 이슬람의 끊임없는 전쟁에 대해 얘기하고자 했고 다른 의미도 함축하고 있다.

첫 번째 사탄이 하나님에 맞서 끊임없는 전쟁을 하고 있다는 의미이다. 사탄의 목표는 가능한 많은 사람으로 하여금 하나님을 알지 못하도록 방해하는 것이며 일단은 이슬람을 믿는 13억 인구에 대해서는 이 목표를 성공적으로 달성했다.

두 번째 기독교회가 무슬림들과 유대인들은 물론 전 세계의 모든 사람들에게 복음을 전하기 위해 끊임없는 분투를 하고 있다는 의미이다. 이것은 자연계의 전쟁이 아니라 기도에 의해 힘을 받는 영적인 세계에서의 전쟁이다. 나의 기도에 함께 동참해주시기를 부탁한다.

무슬림들을 위한 기도

다음에 기술한 것들의 영향력과 그 아성을 무너뜨려 달라고 하나님께 간구하자.

  1. 무슬림들에 대한 꾸란의 영향력
  2. 무슬림들이 하루에 다섯 번씩 갖는 기도의 영향력
  3. 라마단(금식하는 달)의 영향력
  4. 무슬림 모스크와 무슬림 설교의 영향력
  5. 메카의 영향력, 특히 순례여행(haji)
  6. 아랍/무슬림 문화의 영향력
  7. 이슬람을 전 세계에 전파하고 수많은 사람들을 오도할 기회를 제공하는 세계 언론의 영향력
  8. 무함마드는 무슬림들이 따르는 모범이기 때문에 그의 이름, 인격, 삶의 방식 등이 무슬림들에게 미치는 영향력을 분쇄해야 한다. 우리는 무슬림들이 무함마드 대신에 예수를 그들의 모범으로 삼게 해달라고 하나님께 간구한다.
  9. 중동을 비롯한 이슬람세계의 수백만 사람들을 사로잡아온 그 종교적 고정관념
  10. 역사적으로 무슬림들의 마음에 자리 잡은 유대인을 향한 증오심
  11. 무슬림들의 눈에 꾸란에 제시된 잘못된 예수의 모습이 아닌 성경의 진짜 예수가 보이도록 하나님께서 무슬림들에게 새로

운 계시를 내려 주시기를 기도하자.

12. 전 세계무슬림 특히 이슬람 국가의 무슬림들에게 도움의 손길을 내미는데 있어 돌파구를 마련해 달라고 기도하자. 또한 기독교의 선교 활동을 금지하는 법을 만드는 정부 지도자들 사이의 반기독교 정신을 분쇄해달라고 기도하자.

13. 전 세계 무슬림들에게 다가가기 위한 효과적인 전략과 명확한 비전을 제시해 주시기를 기도하자.

14. 무슬림들이 예수 그리스도의 사랑을 체험할 수 있도록 기도하자.

기독교인들을 위한 기도

1. 기독교 교회가 무슬림 개종자들을 사랑하고 그들을 예수 그리스도의 보혈로 받아들일 수 있게 해달라고 하나님께 기도하자.

2. 무슬림들을 도와줄 일꾼들을 보내달라고 하나님께 기도하자.

3. 중동의 선교사역에 필요한 재정과 장비를 제공해 주시기를 하나님께 기도하자.

4. 무슬림 개종자들과 메시아닉 유대인들(기독교인이 된 유대인 - 편집자 주)이 무슬림들과 유대인들 모두를 구원하기 위해 함께 일하고 힘을 모을 수 있도록 하나님께 기도하자.

5. 종교적 고정관념에서 벗어나지 못하는 사람들에게 성령의 하나님이 임하셔서 하나님의 참 모습을 보여주시기를 기도하자.

이슬람과 유대인,
그 끝나지 않은 전쟁

이 책의 저자를 위한 기도

기도할 때에는 부디 나도 기억해 주기를 바란다.

1. 무슬림들이 예수의 빛을 볼 수 있게 하기 위해 최전선에서 분투하고 있는 기독교의 투사인 나를 위해 기도해 주기를 부탁한다.

2. 이슬람의 위협으로부터 나를 보호해 주실 것을 하나님께 기도해 주기를 부탁한다.

3. 내 가족에게 주님의 광명이 비추기를 그래서 그들이 예수 그리스도를 알게 되기를 기도해 주면 감사하겠다.

4. 이 커다란 선교 사업에 동참하고 있는 일꾼들이 주님의 보호와 축복을 받을 수 있도록 기도해 주기를 부탁한다.

진실에 다가가기 위해서는 몇 가지 문제들을 파헤쳐야 한다.

이 글을 읽는 데에는 약간의 수고가 필요할 테지만 그에 대한 보상으로 이슬람에서 아브라함과 그의 두 아들 이스마엘과 이삭에 대해 가르치고 있는 바를 깊이 이해할 수 있게 될 것이다. 이것은 오늘날 무슬림과 유대인 사이의 관계를 이해하는 데에도 많은 도움을 줄 것이다.

무슬림에게 있어서 아브라함과 이스마엘의 의미

무슬림들에게 아브라함은 알라를 처음으로 숭배한 최초의 참 숭배자이다. 아브라함은 참된 유일신을 추종하기 위해 자신의 민족을 버렸기 때문에 알라에게 복종한 모범이라 일컬어진다.

무슬림들은 유대인들이 모세를 공경하는 것과 같은 의미로 이스

마엘을 위대한 선지자로 존경한다. 그들은 알라가 아브라함에게 이
삭이 아닌 이스마엘을 산으로 데리고 가서 제물로 바칠 것을 명령했
다고 믿는다. 그래서 이스마엘은 알라에 순종한 것으로 칭송을 받는
다. 무슬림들은 메카로 순례할 때 이스마엘의 영전에 양을 제물로 바
쳐야 한다.[1]

꾸란에는 알라를 아브라함, 이스마엘, 이삭, 야곱의 신이라 칭하
는 대목이 여러 차례 나온다(꾸란 2:133, 꾸란 2:136, 2:140, 3:84, 4:163).

이슬람에 전수되는 내용 중에 아브라함과 이스마엘이 연루된 세
가지 중요한 사건이 있다.

1. 아브라함은 이스마엘과 그의 어머니를 사막에 두고 떠난다.
2. 아브라함은 이스마엘을 알라에게 제물로 바친다.
3. 아브라함과 이스마엘은 함께 알라의 신전을 짓는다.

이제 우리는 성경의 말씀과 이슬람의 교리를 비교해 볼 것이다.
나는 이 두 경전 사이의 중요한 차이를 지적할 것이다. 아울러 나는
서로 다른 사항들이 무엇을 드러내는지 설명할 것이다.

- 무함마드는 청중에게 이슬람을 설명하기 위해 아브라함 이야
  기를 이용했다.
- 이 사건들에 대한 이슬람을 설명에는 논리적 모순이 있다.
- 아라비아의 유대인들은 무함마드가 자신들의 경전을 왜곡했기

---

1. 하지(haji: 성지순례) 달에는 수백만 마리의 양이 제물로 바쳐진다. 사우디아라비아의 무슬림 당
   국은 양을 냉동하여 여러 이슬람 국가의 가난한 사람들에게 나누어 준다.

때문에 그를 배척했다.

■ 성경의 진리와 이슬람의 진리 사이에는 현격한 차이가 나기 때문에 두 가지 진리가 다 옳다고 할 수는 없다. 어느 한쪽이 옳다면 다른 한쪽은 잘못된 주장일 것이다.

아브라함, 하갈과 이스마엘을 사막에 남겨두고 떠나다

이스마엘은 아브라함과 그의 아내의 이집트인 몸종 하갈 사이에서 태어난 아들이었다. 하갈과 아브라함의 아내 사라 사이의 갈등이 너무 심해지자 아브라함은 하갈을 내보냈다. 무함마드가 하디스에서 이 이야기를 하고 있는 것처럼 성경에도 이 예화가 나온다. 이제 우리는 이 두 이야기를 비교하여 무슬림에게 제시된 진술에 어떤 오류가 있는지 살펴보도록 하자.

이스마엘과 하갈 : 이슬람의 가르침

아브라함은 하갈과 이스마엘을 메카(현 사우디아라비아에 위치)로 데리고 갔다. 하갈은 앉아서 이스마엘에게 젖을 물렸고 아브라함은 대추야자 열매 한 자루와 물 한 부대를 그들 곁에 놓아두고 집으로 돌아갔다.[2]

아브라함은 하갈과 이스마엘이 길에서 만나는 사람들에게서 친절

---

2. 이 진술에서, 우리는 이스마엘이 만 2세 이하임을 추정할 수 있다. 이슬람에서는 2년 동안만 젖을 먹여 키우기 때문이다.

과 먹을거리를 얻을 수 있게 해달라고 기도했다.

하갈의 물이 떨어지자 그녀는 이스마엘에게 젖을 먹일 수 없었다. 아이는 고통으로 몸부림치기 시작했고 그녀는 그런 아이를 차마 보고 있을 수 없어서 아이를 버려둔 채 가장 가까이 있는 앗 사파(As Safa) 언덕에 올라갔다.

도와줄 사람을 찾았으나 아무도 없었다. 그래서 그녀는 계곡을 건너 반대편에 있는 알 마르와 언덕(Al Marwah, 이 두 언덕은 메카에 위치해 있다)으로 달려가 또 도와줄 사람을 찾았다. 그녀는 이런 식으로 일곱 번을 왔다 갔다 했다.

기진맥진하여 포기하려던 순간 그녀는 한 음성을 들었고 나중에 잠잠 샘(Zamzam, 메카에 있는 샘)이 될 지점에 천사가 있는 것을 보았다. 그 천사가 날개로 땅을 치자 물이 솟아 나왔다. 천사가 그녀에게 말했다.

"보살핌을 받지 못할까봐 두려워하지 마세요. 왜냐하면 이곳은 이 아이와 그 아버지로 인해 세워질 알라의 신전이고 알라는 결코 자신의 백성을 소홀히 대하는 법이 없으니까요."[3]

무슬림들은 *성지순례(하지)*를 할 때 이 이야기를 기리며 특별한 의무를 수행한다. 꾸란에는 이렇게 기록되어 있다.

참으로! 앗 사파 언덕과 알 마르와 언덕(메카에 있는 두 개의 언덕)은 알라의 상징이다. 그러므로 성지순례(하지)나 신전(메카의 카아바) 참배(움라)

---

3. 알 부카리(Al Bukhari)의 하디스에서 요약한 내용임.

를 하는 자들이 앗 사파 언덕과 알 마르와 언덕을 오가는 행위는 죄가 아니다. - 꾸란 2:158

이 전통은 오늘날에도 여전히 계속되고 있다. 성지순례 때 당신은 모스크 안에 만들어진 커다란 복도에 가게 될 것이다. 이 복도는 중간쯤에서 두 갈래로 나뉜다.

하갈이 두 언덕을 오가던 일을 기념하기 위해 한 번에 수천 명의 사람들이 이 커다란 복도를 오간다. 그런 다음 사람들을 하갈이 물을 받아 마셨다는 샘 주위로 운집한다.

내가 무슬림으로서 메카로 성지순례를 갔을 때 나는 이 군중의 일부가 되었다. 율법학자이기도 했던 나는 내가 수행하는 일의 의미를 이해하고 있었다. 하지만 마음은 어쩐지 공허하기만 했다.

이번에는 이 예화에 대한 성경 내용을 살펴보도록 하자.

이스마엘과 하갈 : 성경의 가르침

이삭이 젖을 떼는 날에 벌인 잔치에서 열여섯 살의 이스마엘이 이삭을 놀리는 것을 본 사라는 화가 나서 하갈과 이스마엘을 내보낼 것을 요구했다. 이에 아브라함이 괴로워하자 하나님께서 그에게 말씀하셨다.

"걱정하여 마음 아파하지 마라. 그 여종의 아들도 너의 자식이니 내가 그도 큰 민족을 이루게 하겠다." - 창세기 21:12-13

그 다음날 아침에 아브라함은 먹을거리와 물을 가져다가 하갈에게 주었다. 그런 다음 그는 그녀와 이스마엘을 내보냈고 그들은 브엘 세바 사막(지금의 이집트의 시나이 사막, 가나안과는 가깝지만 메카와는 멀리 떨어져 있음)을 헤매고 다녔다.

물이 다 떨어지자 하갈은 아이가 죽어가는 모습을 차마 볼 수가 없었기 때문에 아이를 덤불 아래에 뉘어 놓고서 떠나버렸다. 하나님께서 이스마엘의 울음소리를 들으시고 천사를 시켜 하늘에서 하갈을 불러 이르셨다.

"걱정하지 말라… 내가 그를 큰 민족이 되게 하리라."

그런다음 하나님께서 하갈의 눈을 밝히시니 그녀의 눈에 샘이 보였다. 하갈은 가죽부대에 물을 담아다가 이스마엘에게 먹였다(창세기 21:8~ 19, 저자의 설명).

중요한 차이점

아브라함은 하갈과 사라 그리고 두 아들과 어디에서 살고 있었는가?

■ 하디스/꾸란 : 분명하지 않음
■ 성경 : 가나안(현 이스라엘)

하갈은 어디로 갔는가?

■ 하디스/꾸란 : 아브라함이 그녀를 메카로 데리고 갔다.
■ 성경 : 아브라함이 그녀를 내보내자 그녀는 시나이 사막에서 헤매고 다녔다.

아브라함이 이스마엘과 그 어머니 하갈을 내보냈을 때 이스마엘의 나이는 몇 살이었는가?

■ 하디스/꾸란 : 아이에게 젖을 먹였다고 하는 걸로 봐서 두 살 이하일 것으로 추측된다.

■ 성경 : 16세

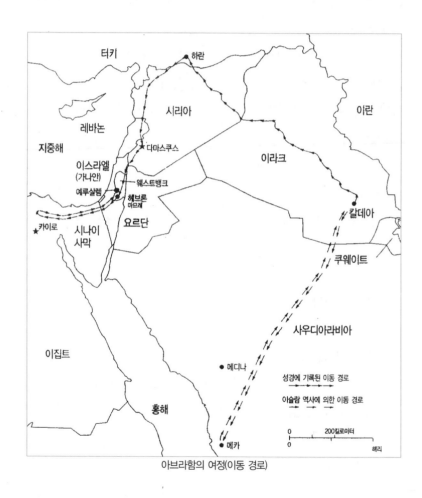

아브라함의 여정(이동 경로)

아브라함과 그의 가족이 어디에 살고 있었는지 살펴보도록 하자. 성경에는 그들이 가나안에 있었다고 나와 있다. 반면 이슬람 역사만을 놓고 볼 때 아브라함은 갈대아(Chaldea)에 머무르고 있었다는 인상을 받는다(이슬람 역사에는 그가 가나안에 갔다는 언급이 없다).

지도를 참조하여 아브라함과 하갈 그리고 유아였던 이스마엘이 갈대아에서 메카까지 얼마나 먼 거리를 가야 했는지 보라. 낙타를 이용해도 석 달 이상이 걸렸을 것이다. 오늘날이라면 자동차를 이용할 경우 서른 시간쯤 걸릴 것이다.

이번에는 성경의 설명을 검토해보자. 시나이 사막이 가나안과 얼마나 가까운 거리에 있는지 보아라. 여자 한 명과 16살 난 소년 한 명이 그곳까지 걸어갈 수 있었다는 것을 쉽게 납득할 수 있다. 낙타를 이용하면 일주일도 안 걸렸을 것이다. 자동차로 가면 하루면 닿을 수 있는 거리다.

이스마엘에 대해 하나님은 어떤 약속을 했는가?

■ 하디스 : 그와 그의 아버지가 메카에 알라의 신전을 세울 것이다.
■ 성경 : 이스마엘의 자손은 큰 민족을 이룰 것이다.

아랍인들은 이스마엘을 자신들의 조상으로 인정했다. 이스마엘로 하여금 메카에 숭배의 장소를 세우게 하면 무함마드에게 어떤 혜택이 돌아올까? 이는 아랍인으로 하여금 그가 전하는 메시지에 마음을 열도록 하는 데 도움이 되었다. 아울러 무함마드는 카아바에 대한 사람들의 존경심을 이용했다. 당시 여러 종족들은 메카의 신전에 자신들의 우상을 모셔놓고 있었다.

자신의 아들을 제물로 바친 아브라함

아브라함, 자신의 아들을 제물로 바치다.[4] – 꾸란의 가르침

그래서 우리는 그에게 참을성 많은 소년에 대한 소식을 전해주었다. 세월이 흘러 그의 아들이 그와 함께 걸을 수 있을 만큼 성장했을 때 그가 아들에게 말했다. "아, 내 아들아! 알라께 너를 제물로 바치는 꿈을 꾸었단다. 네 생각이 듣고 싶구나." 아들이 말했다. "아버지! 그게 알라의 뜻이라면 그렇게 하십시오. 아버지는 제가 참을성이 많다는 것을 알게 되실 것입니다."

그리하여, 이들은 알라의 뜻에 따르기로 했다. 아브라함이 아들을 땅에 얼굴을 대고 엎드리게 했을 때(또는 옆 이마를 땅에 대고 엎드리게 했을 때) 우리가 그를 소리쳐 불렀다. "오, 아브라함이여! 그대는 꿈에서 받은 명령을 충실히 수행했느니라."

우리는 선행에는 반드시 보상을 내린다(2장 112절 참조). 아브라함에게 내린 명령은 그의 신앙심을 시험하기 위한 것이었다. 네 아들 대신 큰 제물(예: 숫양)을 바치면 네 아들을 죽이지 않아도 좋다. 그리고 우리는 후대 사람들로 하여금 그의 참을성과 의연함을 칭송하게 할 것이다. – 꾸란 37:101~108

---

4. 이 묘사는 이스마엘에 대한 성경의 묘사와 극명한 대조를 이룬다. 성경에서는 이스마엘을 이렇게 묘사하고 있다. "그가 사람 중에 들나귀 같이 되리니 그의 손이 모든 사람을 치겠고 모든 사람의 손이 그를 칠지며 그가 모든 형제와 대항해서 살리라 하니라."

꾸란에는 이 아들이 이삭인지 이스마엘인지 그 이름이 명시되지 않았지만 무슬림들은 그 아들이 이스마엘이라 믿는다. 무슬림들의 『꾸란 해설서』는 항상 이 아들을 이스마엘이라고 해석한다. 이삭은 유대인의 조상이기 때문에 이슬람경전에서는 그를 존경할 만한 인물로 그려지지 않는다. 꾸란에는 아브라함과 이스마엘이 메카에 알라의 신전을 세웠다고 나와 있는데 이런 이유로 무슬림들은 위 예화에 등장하는 아들이 이스마엘이라고 확신하는 것이다. 무슬림들의 생각에 아브라함의 예화에서 중심인물은 이스마엘이다.

아브라함, 자신의 아들을 제물로 바치다 – 성경의 가르침

아브라함은 번제에 쓸 장작을 아들 이삭에게 지우고 자신은 불과 칼을 챙겨 들었다. 두 사람이 함께 갈 때 이삭이 아버지 아브라함을 불렀다.

"아버지!"

아브라함이 대답했다. "그래, 왜 그러느냐?"

이삭이 말했다. "불씨도 있고 장작도 있는데 번제물로 드릴 새끼양은 어디에 있습니까?"

아브라함이 대답했다. "얘야, 번제물로 드릴 새끼양은 하나님께서 손수 마련하여 주실 것이다." 그리고 두 사람을 계속 함께 걸어갔다.

하나님께서 일러주신 곳에 이르자 아브라함은 제단을 쌓고 장작을 얹어놓았다. 그리고 아들 이삭을 묶어 제단의 장작더미 위에 올려놓았다. 그가 손을 뻗어 칼을 잡고 아들을 치려고 하는 순간 하나님의 천사가 하늘에서 그를 큰 소리로 불렀다.

"아브라함아, 아브라함아!"

"네, 여기 있습니다."

"그 아이에게 손을 대지 말라! 그 아이에게 아무 일도 하지 말라! 네가 너의 아들 너의 외아들까지도 아까워하지 않고 나에게 바치는 것을 보니 네가 하나님을 경외하는 것을 알겠다."

아브라함이 이에 번제 나무를 가져다가 그의 아들 이삭에게 지우고, 자기는 불과 칼을 손에 들고 두 사람이 동행하더니 이삭이 그 아버지 아브라함에게 말하여 이르되, 내 아버지여 하니 그가 이르되 내 아들아 내가 여기 있노라. 이삭이 이르되 불과 나무는 있거니와 번제할 어린 양은 어디 있나이까. 아브라함이 이르되 내 아들아 번제할 어린 양은 하나님이 자기를 위하여 친히 준비하시리라 하고, 두 사람이 함께 나아가서 하나님이 그에게 일러 주신 곳에 이른지라 이에 아브라함이 그 곳에 제단을 쌓고 나무를 벌여 놓고, 그의 아들 이삭을 결박하여 제단 나무 위에 놓고 손을 내밀어 칼을 잡고 그 아들을 잡으려 하니, 여호와의 사자가 하늘에서부터 그를 불러 이르시되, 아브라함아 아브라함아 하시는지라. 아브라함이 이르되 내가 여기 있나이다 하매 사자가 이르시되, 그 아이에게 네 손을 대지 말라 그에게 아무 일도 하지 말라. 네가 네 아들 네 독자까지도 내게 아끼지 아니하였으니 내가 이제야 네가 하나님을 경외하는 줄을 아노라. 아브라함이 눈을 들어 살펴본즉 한 수양이 뒤에 있는데 뿔이 수풀에 걸려 있는지라. 아브라함이 가서 그 수양을 가져다가 아들을 대신하여 번제로 드렸더라. 아브라함이 그 땅 이름을 여호와 이레라 하였으므로 오늘날까지 사람들이 이르기를 여호와의 산에서 준비되리라 하더라. - 창세기 22:6~14

중요한 차이

성경에는 그 아들이 이삭이라고 명백히 기록되어 있다. 꾸란은 아들의 이름을 밝히지 않았다. 나는 꾸란에 이름을 명시하지 않은 것은 주도면밀한 계획하에 이루어진 일이라고 생각한다.

무함마드가 계시를 받았을 때 그와 그의 추종자들은 메카에서 힘 없는 그룹이었기 때문에 이스마엘이라고 말할 수 없었을 것이다. 하지만 나중에 무함마드는 이스마엘에 관해 대담한 주장을 했다.

꾸란에 기술된 예화에 대한 타당성을 의심하게 하는 또 하나의 문제는 이스마엘이 어렸을 때 아브라함의 가족과 함께 살고 있었다는 사실이다.

이슬람에 의하면 아브라함이 하갈을 내보냈을 때 이스마엘은 유아였다는 점을 기억해라. 그런데 번제물 예화에 등장하는 아이의 나이는 9세쯤이라고 한다.[5]

그렇다면 아브라함은 이스마엘과 어떻게 다시 연락을 취할 수 있었을까? 아브라함은 이스마엘을 제물로 바치기 위해 갈대아에서 메카까지 그 먼 거리를 이동했을까?

이슬람기록과 성경기록의 차이가 어떻게 다른 모순을 야기하는지 아는가? 한 가지 사실이 바뀌면 전 체계의 정당성에 영향을 미친다.

---

5. 사이드 무함마드 후씬 샴시(Syed Muhammad Hussin Shamsi), 『이슬람 메신저(The Prophets of Islam)』(Englewood, NJ: Alhuda Foundation, 1994)

성장하는 이스마엘

이스마엘 예화에 대한 이슬람의 진술은 성경의 진술과 계속 어긋났다. 하디스에는 하갈과 이스마엘이 천사가 파준 샘 주위에 정착했다고 나와 있다.

다른 부족들은 하갈과 이스마엘에게 물이 있는 것을 보고 그들과 합류했다. 하디스에는 이스마엘의 첫째 아내가 이 부족들 중 한 부족 출신이라고 나와 있다.

하지만 성경에는 이렇게 나와 있다.

하나님이 그 아이와 함께 계시매 그가 장성하여 광야에서 거주하며 활 쏘는 자가 되었더니 그가 바란 광야에 거주할 때에 그의 어머니가 그를 위하여 애굽 땅에서 아내를 얻어 주었더라. - 창세기 21:20-21

성장한 이스마엘은 결혼한 후 메카로 가서 죽을 때까지 거기서 살았다(성경에 이스마엘이 어디서 죽었는지 명시되어 있는 것은 아니지만 그곳이 사실상 메카였다고 생각하는 것이 이치에 맞다 – 편집자주).

차이점

무함마드는 이슬람에서 제시된 새로운 역사적 진술을 뒷받침하기 위해 이스마엘의 일생에 대한 세부 사항을 다르게 꾸몄다.

신전/제단을 세운 아브라함과 이스마엘

이슬람 교리에 의하면 아브라함이 일생 동안 한 일 가운데 가장 중요한 일은 이스마엘과 함께 메카에 신전을 세운 일이다.

그리고 아브라함과 그의 아들 이스마엘은 메카에 카아바의 초석을 놓을 때 이렇게 말했다. "알라여, 우리의 정성을 받아주소서. 정말 당신은 모든 것을 듣고 아시는 분이십니다." - 꾸란 2:127

위의 꾸란 구절에 의하면 아브라함은 아들 이스마엘의 도움으로 아라비아의 메카에 신전을 세웠다.

무함마드는 하디스에서 이 이야기의 세부사항을 더 자세히 말했다. 아브라함은 메카에 온 후 이스마엘을 찾았다.

아브라함이 말했다. "이스마엘아! 알라께서 나한테 명령하신 일이 있단다." 이스마엘이 말했다. "알라께서 아버지께 시키신 일을 하십시오." 아브라함이 물었다.

"도와주겠느냐?" 이스마엘이 대답했다.

"도와드리지요." 아브라함은 주변의 땅보다 높은 언덕을 가리키며 말했다. "알라께서 이곳에 신전을 세우라고 명령하셨다.

무함마드는 이 두 사람이 초석을 세워놓고 석벽을 쌓았는데, 이스마엘이 돌을 나르고 아브라함이 돌을 쌓았다고 했다. 벽이 높아졌을 때 이스마엘은 커다란 돌 하나를 가져와 아브라함이 그 위에 올라설 수 있게 했다. 그리고 그들은 일을 계속했다.[6]

현재 메카에는 거대한 모스크가 있고 그 중앙에는 커다란 검은 돌이 있다. 꾸란에 의하면 이 지점이 세상에서 가장 신성한 장소라고 한다.

매년 하지(haji) 때는 수백만 명의 무슬림들이 이 모스크에 찾아와 이 검은 돌 주위를 돌고 부근의 무슬림이 아브라함의 묘지라고 믿는 곳을 방문한다. 내가 성지순례를 할 때 나도 이 군중들과 함께 검은 돌 주위를 돌았다.

무슬림들은 아브라함이 카아바를 세웠다는 사실과 그가 모스크를 세운 후에 메카에서 이스마엘과 함께 살다가 거기서 죽고 거기에 묻혔다는 사실에 추호도 의심 하지 않는다.

성경에는 아브라함이 이런 일을 했다는 내용이 전혀 없다. 오히려 성경에는 다른 사실들이 제시되고 있다. 성경에 의하면

아브라함은 갈대아(지금의 이라크 남부)에서 하란(터키와 시리아의 접경지대) 으로 이민을 갔다. 그러고 나서 그는 현재의 이스라엘 지방인 가나안 으로 이주했다. 아브라함이 가나안에 정착한 후에는 이집트만 몇 차례 다녀왔을 뿐이었다. - 창세기 12: 7-10, 13:18

또한 그가 제단을 쌓은 적은 있지만 신전을 쌓은 적은 없었다. 그는 마므레 근처의 동굴에 안장되었다. - 창세기 25:9-10

---

6. 알 부카리, 4권, No. 583.

아브라함 이동경로 요약

이슬람 역사

아브라함은 갈대아의 우르에서 태어났다. 하지만 그와 그의 아내가 어디에서 살았는지에 관한 기록은 전혀 없다. 이슬람 역사를 통해 그가 갈대아에 거주했을 거라고 추정할 수 있을 뿐이다. 아브라함은 메카에 다섯 번 다녀왔다.

1. 아브라함은 하갈과 아들 이스마엘과 함께 메카로 가서 거기에 그들을 두고 떠났다.
2. 아브라함은 아들을 제물로 바치기 위해 메카 부근의 산에 이스마엘을 데려갔다.
3. 아브라함은 메카에 있는 이스마엘의 집을 방문하고 그의 첫 번째 아내에게 말했다.
4. 아브라함은 메카에 있는 이스마엘의 집을 방문하고 그의 두 번째 아내에게 말했다.
5. 아브라함은 이스마엘에게 갔고 그들은 메카에 알라의 신전(Al Kaaba)을 세웠다. 아브라함은 죽을 때까지 메카에 살았고 거기에 묻혔다.

성경의 설명

아브라함은 갈대아의 우르에서 태어났지만 그의 가족들과 가나안에 정착했다. 아브라함은 이스마엘이 열여섯 살이 되자 하갈과 이스마엘을 시나이 사막으로 내보냈지만 자신은 이들과 동행하지 않았다. 아브라함은 이집트에 몇 차례 다녀왔고 가나안에서 임종하여 헤브론 부근의 마므레에 묻혔다.

거짓말임이 드러나다

아브라함과 이스마엘의 삶에 관해서는 성경과 꾸란/하디스의 내용에 모순되는 점이 많다. 즉 한쪽이 진실이면 다른 쪽은 거짓이다. 둘 다 진실일 수는 없다.

무함마드는 수천 년 동안 기록으로 전해져 온 일들에 대해 새로운 정보를 가지고 있다고 주장했는데 그의 이런 주장은 받아들일 수 없는 것이다. 시간이 지나면서 성경 기록이 변조되었기 때문에 부득이 진실한 계시(꾸란)가 나올 수밖에 없었다고 주장하는 것은 옳지 않다. 만일 기독교인들과 유대교인들이 자신들의 성경을 변조하지 않았다면 성경 원전과 꾸란이 일치했을 것이라는 말도 옳지 않다.

기독교인들과 유대교인들이 성경를 고쳤다는 증거는 전혀 없다. 고고학에서 발견된 바도 없다. 토라 및 신약성경의 원전은 남아 있지 않다. 신약성경은 이슬람보다 불과 6백년 먼저 등장했으므로 그럴 마음이 있었다면 무함마드의 말을 증명하기 위해서라도 한 권쯤은 찾아낼 수도 있었을 것이다.

우리는 아브라함의 시대에서 어떤 새로운 것을 배울 수 있을까? 신은 새로운 이야기를 계시하지 않는다. 그는 처음에 진실을 말했고 유대인들이 그것을 정확히 보존했다. 성경기록 이외에 무언가를 밝힐 수 있는 유일한 방법은 고고학에 의한 것이다. 현대의 우리가 아브라함 시대의 무언가를 파헤쳐 그것을 연구한다면 아마도 우리는 우리가 알고 있는 정보 이외에 무언가를 얻어낼 수도 있을 것이다.

현대가 아닌 아라비아의 7세기에 관해서는 직접적인 증거를 통해서만이 새로운 것을 배울 수 있다. 이 점을 분명히 해야겠다. 성경과 꾸란은 일치하지 않는다. 하나는 옳고 다른 하나는 잘못된 것이다.

이스마엘이 아주 특별하다면 하나님은 왜 야곱의 혈통을 이용하셨을까?

이제는 아브라함과 이스마엘에 관해 이슬람과 성경에서 어떻게 가르치고 있는지 알 수 있을 것이다. 나는 이슬람 교리에 대한 마지막 문제를 하나 지적하고자 한다.

우선 무함마드가 이삭과 야곱의 자손들(즉 유대인)은 하나님에게서 선택받은 사람들이라고 말했다는 것을 기억해라. 그들에게서 모든 선지자(사도)들이 나왔다.

그런데 무함마드는 이스마엘은 아버지 아브라함과 신전을 세우고 신의 뜻을 받들어 기꺼이 제물이 되려고 한 특별한 아들이라고도 말했다.

그렇다면 여기서 이런 의문이 생긴다. 만일 이스마엘이 특별하고 선택된 아들이라면 어째서 하나님은 이삭과 야곱의 혈통을 이용하여 선지자(사도)들을 태어나게 하셨을까?

이런 의문들을 무슬림 율법학자들에게 물어보면 그들은 대답하느라 진땀을 뺄 것이다. 아마 이렇게 말할 것이다. "그것은 알라의 뜻이었습니다. 그렇습니다. 야곱의 혈통에서 선지자(사도)들이 나왔습니다. 하지만 야곱과 이스마엘은 이슬람의 시선에서 볼 때 한 형제입니다. 아브라함의 모든 자손들은 결국 같은 메시지를 설교하고 있으니까요(아브라함이 이삭과 이스마엘을 낳았고, 이삭이 야곱을 낳았음 – 편집자 주)."

사실 이런 모순은 이슬람의 신인 알라와 유대교인 및 기독교인의 신인 *하나님*이 같은 분이 아님을 보여준다. 만약 그들이 같은 분이라면 혼란과 혼돈의 신임에 틀림없다.

결론

아브라함과 이스마엘의 이 예화는 구약성경을 이용한 무함마드와 꾸란의 여러 예문 가운데 하나에 불과하다. 나는 이 비교검토를 통해 무함마드가 아라비아 유대인들의 성경을 왜곡하고 그들의 교리를 이용해 유대인을 누르려 했으며 이로 인해 무함마드와 아라비아 유대인들의 관계가 파경에 이르렀다는 사실을 이해하는데 도움이 되었기를 바란다.

오사마 빈 라덴, 유대인과 십자군에 대한 지하드를 촉구하는 세계 이슬람전선 선언

이 부록에는 '유대인과 십자군에 대한 지하드를 촉구하는 세계 이슬람전선 선언(World Islamic Front)'의 전문을 수록했다.[1]

FAS 주 : 오사마 빈 라덴과 그의 동지들이 작성한 다음 선언문은 미국인(군인은 물론 민간인도 포함) 살해를 요구하는 종교적 칙령의 성격을 띤다.

이 문서는 빈 라덴의 조직이 9월 11일의 뉴욕 및 워싱턴 테러 공격과 연계되어 있음을 나타내는 증거가 되고 있다.

---

1. 이 선언의 전문(全文)은 인터넷: 알 카에다의 또다른 이름이다.
   www.fas.org/irp/world/para/docs/980223-fatwa.htm에서 얻었다. 영국 런던에서 발행하는 아랍어 신문 『알 꾸스 알 아라비』(Al Quds al Arabi)』, 1998년 2월 23일자 3p에 이 선언문이 실렸다. 이는 코넬대학 도서관의 중동 및 이슬람 연구 컬렉션에도 소장되어 있다.

유대인과 십자군에 대한 지하드
세계 이슬람전선 선언(알 카에다)
1998년 2월 23일
- 오사마 빈라덴
- 아이만 알 자와히리, 이집트 지하드 단체의 수장
- 아부 야시르, 이집트의 이슬람 단체
- 미르 함자, 자미아트 울 울레마에 파키스탄의 사무관
- 파즐루르 라흐만, 방글라데시 지하드 운동 단체의 수장

계시(꾸란)를 내려주시고 구름을 다스리시고 파벌간 전쟁을 종식시켜주신 알라를 찬양할지어다. 그분께서는 이렇게 말씀하셨다.

"금지기간이 지난 후에는 이교도들이 보이면 그들을 잡고 포위하고 죽여라. 그리고 모든 전략적 요충지에 복병을 두고 기다려 그들과 싸우고 그들을 죽여라."

라고 우리의 메신저 무함마드의 영혼이여, 평안하소서. 메신저 무함마드는 이렇게 말했다.

"나는 사람들이 알라 이외의 다른 신을 숭배하지 못하도록 손에 칼이 들려 보내졌다. 알라께서는 생계보다 칼과 창을 우위에 두게 하셨고, 내 명령에 복종하지 않는 자들에게 치욕과 멸시를 당하게 하실 것이다."

알라께서 아라비아 반도를 만들고 그 사막을 창조하고 그 주위를

바다로 둘러싼 이래 메뚜기떼 처럼 온 땅을 뒤덮어 이 땅의 부를 고갈시키고 이 땅의 농원을 폐허로 만든 십자군의 무리 같은 재앙이 덮친 적이 없었다. 마치 한 그릇의 음식을 놓고 서로 다투는 사람들처럼 여러 나라가 무슬림을 공격해왔다.

사태의 심각성과 아무런 지원세력이 없다는 점을 감안하여 우리 모두는 현 사태에 대해 논의하여 이 문제를 어떻게 해결할 것인지 의견을 모아야 한다.

오늘날 모두에게 알려진 세 가지 사실에 대해 반박할 사람은 아무도 없을 것이다. 모든 사람들에게 다시 한번 상기시키기 위해 우리는 그 세 가지 사실을 여기에 정리해 놓는다.

예루살렘에 있는 성전산(Temple Mount)

첫째, 7년이 넘는 기간동안 미국은 이슬람의 가장 신성한 장소가 있는 땅인 아라비아 반도를 점령하고 이곳의 부를 약탈해가고 이곳의 지도자들을 조종하고 국민들을 우롱하고 아라비아 반도를 거점으로 이웃한 무슬림 국가를 공격하여 인접국들을 위협하고 있다.

과거에는 몇몇 사람들만이 이런 점령 사실을 주장했다면 오늘날에는 이 반도의 모든 사람들이 이 사실을 인정하고 있다. 이를 가장 잘 드러내는 증거는 미국이 아라비아 반도를 중간 기착지로 삼아 이라크를 계속 공격하고 있다는 사실이다. 아라비아 반도의 모든 지도자들은 자국의 영토가 이런 목적으로 사용되는 것에 반대하고 있지만 속수무책인 실정이다.

둘째, 십자군과 시오니스트 동맹군에 의해 이라크가 황폐화되었고 백만명이 넘는 사람들이 학살되었음에도 불구하고 미국은 그 잔혹한 전쟁 후의 오랜 봉쇄정책을 비롯한 붕괴와 황폐화에도 만족하지 못한 듯 또 다시 그 끔찍한 학살을 반복하려 하고 있다.

그래서 그들은 남아 있는 사람들까지도 전멸시키고 이웃 무슬림 국가들에게 굴욕을 주기위해 이곳으로 온 것이다.

셋째, 미국이 이런 전쟁들을 일으키는 숨겨진 목표가 종교적이고 경제적인 것이라면 그 목표는 유대인들의 국가(이스라엘)를 이롭게 하고 무슬림들로 하여금 예루살렘 점령과 살인 등에서 다른 곳으로 관심을 돌리게 하는 것을 의미한다. 그들이 이스라엘 인근 국가들중 가장 강한 이라크를 파괴하는데 그토록 열심인 것과 이라크와 사우디아라비아, 이집트, 수단 같은 이 지역의 모든 국가를 힘없는 소국으로 분열 시키는 데 상당한 노력을 기울이는 것을 보더라도 그들의 숨은 의도를 알 수 있다. 이스라엘 주변의 이슬람 국가들을 분열시키고 약화시켜 이스라엘의 생존을 보장하고 이 반도에서 가혹한 지하드를 계속하려는 획책이 아니고 무엇이겠는가.

미국이 저지르고 있는 이 모든 범죄행위와 죄악상은 알라와 그의 메신저와 무슬림들에 대한 명백한 전쟁 선포 행위인 것이다. 그리고 이슬람 역사를 통틀어 울라마(학식을 갖춘 이슬람의 지식층을 뜻하며, 초기 이슬람에게는 이론적 · 법률적인 문제들에 대한 미래의 공동체적 관례들이 울라마의 합의에 의해 결정되었다 – 편집자 주)들은 적이 이슬람국가를 파괴하는 경우 지하드에 참전하는 것은 개인의 의무라는 데 만장일치로 동의해왔다. 이런 사실을 이맘 빈 쾨다마가 '알 무그니'에서 이맘 알 키사이가 '알 바다이'에서, 알 쿠르투비가 그의 해석에서 그리고 쉐이크 알 이슬람이 그의 저서 등에서 밝힌 바 있다. 쉐이크 알 이슬람은 자신의 저서에 이렇게 썼다. "쳐들어오는 적을 물리치기 위해 싸우는 것은, 신성함과 종교를 지키는 데 그 목표가 있다. 그리고 그것은(울라마들에 의해) 합의된 의무이다. 종교와 목숨을 침범한 적을 격퇴하는 것은 믿음 다음으로 신성한 것이다."

이것에 기초하고 알라의 명령에 의해 우리는 다음 *파트와*(칙명)를 모든 무슬림에게 선포한다.

미국과 그 동맹국 사람들(군인은 물론 민간인도 포함)을 죽이는 것은 이를 이행할 수 있는 국가에 있는 모든 무슬림의 의무로서 예루살렘의 성전산(Temple Mount)에 있는 알 아크사 사원을 그들의 지배로부터 해방시키고 그들의 군대를 이슬람의 모든 영토에서 몰아내고 패배시켜 더 이상 무슬림을 위협하지 못하게 하기 위한 것이다. 아울러 이것은 전능한 알라의 말씀을 따르는 것이다. 알라께서는 "그들이 합세하여 너희를 공격할 때에는 너희도 힘을 합쳐 이교도들과 싸워라."라고 말씀하셨다.

전능한 알라의 말씀을 부연 설명하면 "어째서 너희는 알라를 위해 그리고 부당한 취급을 받고 압제를 당하는 약한 자들을 위해 싸우려 하지 않는가? 여자와 아이들이 '주여, 이 도시의 압제자들로부터 우리를 구해주시고 이를 도울 사람을 보내주십시오!' 라며 울부짖고 있다."

우리는 알라의 도움으로 알라를 믿고 보상을 바라는 모든 무슬림들에게 미국인이 보이면 언제 어디서든 그들을 죽이고 그들의 돈을 빼앗으라고 촉구하는 바이다.

또한 사탄의 미국 군대와 그 동맹군에 대한 급습을 개시하여 그들의 배후 세력에게 호된 맛을 보여주기를 무슬림 울라마, 지도자, 젊은이, 군인 등에게 당부하는 바이다.

전능한 알라께서는 이렇게 말씀하셨다. "믿는 자들이여, 알라께서 너희를 소생시키는 일에 너희를 부를 때 알라와 그의 메신저께 응답하라. 그러면 알라께서 나타나셔서 너희 모두를 결속케 하리라."

전능한 알라께서는 또 이렇게 말씀하셨다. "믿는 자들이여, 너희가 알라를 위해 밖으로 나가라는 요청을 받을 때 너희에게 무엇이 문제더냐? 너희는 이 세상에 너무 집착하고 있구나! 내세의 삶보다 이

승의 삶이 더 좋으냐? 하지만 이승에서의 안락함은 내세에 비해 작디작은 것이니라. 만일 너희가 나서지 않는다면 그분께서는 너희에게 무거운 벌을 내리시고 너희의 자리를 다른 이들로 대체하실 것이다. 하지만 너희는 그분을 전혀 다치게 할 수 없을 것이다. 알라께서는 이 세상 그 어떤 것보다 강하시기 때문이다.

전지전능한 알라께서 또 이렇게 말씀하셨다. "용기를 잃지 말고 절망에도 빠지지 말라. 너희가 진정으로 믿는다면 승리할 것이기 때문이다."[2]

---

2. 같은 책.

B: 오사마 빈 라덴, 유대인과 십자군에 대한 지하드를 촉구하는 세계 이슬람전선 선언

이슬람에서 주장하는 무함마드에 대한 성경의 예언

꾸란에 의하면 무함마드의 도래가 성경에 예언되어 있다고 한다.

> 그리고 진실로, 그것(꾸란과 메신저 무함마드의 계시)은 경전(곧 이전 사람들의 토라와 복음서)에도 나와 있다. - 꾸란 26:196

그렇다면 어째서 우리는 이런 예언을 확실히 알지 못하는 것일까? 꾸란은 유대인과 기독교인들이 성경에서 무함마드에 대해 말한 거의 모든 부분을 변경시켰다고 가르친다.

> 그들(유대인들)은 말씀을 변조하고 그들에게 전해진 말씀의 상당 부분을 없애 버렸다.[1] - 꾸란 5:13

---

1. 꾸란 5:13에는 특히 유대인에 대해 진술되어 있으며, 꾸란 5:14에는 비슷한 방식으로 기독교인들에 대해 진술되어 있다.

하지만 무슬림 학자들은 "원본 텍스트가 왜곡되었지만 토라와 복음서에는 메신저 무함마드의 도래를 나타내는 분명한 예언이 아직 남아있다."라고 말한다. 이번에는 무슬림 학자들에 의해 인용된 성경 구절을 살펴보도록 하자. 연대기 순으로 성경을 훑어볼 것이다.[2]

메시아

아래 구절에서는 하나님(God)께서 모세에게 말씀하고 계신다.

내가 그들의 형제 중에서 너와 같은 메시아 하나를 그들을 위하여 일으키고 내 말을 그 입에 두리니 내가 그에게 명령하는 것을 그가 무리에게 다 말하리라. - 신명기 18:18

하나님께서 모세에게 말씀하시기를 사람들이 그분의 음성을 직접 들을 필요가 없도록 그분이 이스라엘의 자손들에게 메시아를 내려 보내겠다고 하셨다. 이 약속은 예수의 도래로 이루어졌다.

모퉁잇돌

건축자가 버린 돌이 집 모퉁이의 머릿돌이 되었나니 이는 여호와께서 행하신 것이요 우리 눈에 기이한 바로다. - 시편 118편 22-23

---

2. 『성 꾸란(*The Noble Quran*)』 7:157의 각주를 참조하라.

예수께서 마태복음 21:42~43에서 이 예언을 인용하시며 당신으로 이 예언이 성취되었음을 암시하셨다.

도래할 빛

> 내가 붙드는 나의 종, 내 마음에 기뻐하는 자, 곧 내가 택한 사람을 보라 내가 나의 신을 그에게 주었은즉 그가 이방에 정의를 베풀리라. 그는 외치지 아니하며 목소리를 높이지 아니하며 그 소리를 거리에 들리게 하지 아니하며 - 이사야서 42:1-2

> 나 여호와가 의로 너를 불렀은즉 내가 네 손을 잡아 너를 보호하며 너를 세워 백성의 언약과 이방의 빛이 되게 하리니, 내가 눈먼 자들의 눈을 밝히며 갇힌 자를 감옥에서 이끌어 내며 흑암에 앉은 자를 감방에서 나오게 하리라. - 이사야서 42:6-7

기독교인들은 이 예언이 무함마드보다 6백년 먼저 등장했던 예수를 지칭한다고 강력히 믿고 있다.[3]

바란산에서 오신 거룩한 분

> 하나님이 데만에서부터 오시며 거룩한 자가 바란 산에서부터 오시

---

3. 지면관계상 이슬람 율법학자들이 인용한 이사야서 42:1~13을 전부 싣지 못했다.

는도다(셀라). 그의 영광이 하늘을 덮었고 그의 찬송이 세계에 가득하도다. - 하박국서 3:3

무슬림들이 이 구절에서 특히 강조하는 부분은 '거룩하신 이가 바란 산에서 오셨다'는 대목이다. 무슬림은 바란산은 메카에 위치해 있으며 무함마드가 태어난 곳이라고 말한다. 하지만 실제로는 바란산은 아라비아에 있지 않고 시나이 사막에 있다. 그러므로 이 예언이 지칭하는 곳은 무함마드의 출생지가 아닌 것이다.

보혜사

내가 아버지께 구하겠으니 그가 또 다른 보혜사를 너희에게 주사 영원토록 너희와 함께 있게 하시리니, 그는 진리의 영이라 세상은 능히 그를 받지 못하나니. 이는 그를 보지도 못하고 알지도 못함이라. 그러나 너희는 그를 아나니 그는 너희와 함께 거하심이요 또 너희 속에 계시겠음이라. - 요한복음 14:16-17

기독교인들은 이 구절이 기독교인들의 내면에 살고 있는 성령을 가리키는 것이라고 생각한다. 또한 이 구절 속에 무함마드를 대입 했을 때 사실과 어긋나는 몇 가지 부분이 있다.

예를 들어 보혜사는 그들과 '영원히' 함께 할 것이라고 하는데 무함마드는 그의 추종자들과 영원히 함께 하지 못하고 죽었다. 그리고 세상은 그분을 보지도 못하고 알지도 못할 것이라고 했지만 무함마드는 수많은 사람들의 눈에 보였을 뿐 아니라 사람들은 그를 알았다. 마지막으로 그 보혜사는 사람들의 마음속에 살아 있을 것이라고 했지만 무함마드는 성령이 아니기 때문에 어느 누구의 마음 속에 있을 수 없다.

> **보혜사 곧 아버지께서 내 이름으로 보내실 성령 그가 너희에게 모든 것을 가르치시고 내가 너희에게 말한 모든 것을 생각나게 하리라.**
>
> - 요한복음 14:26

이 구절은 그 보혜사가 성령임을 분명히 말하고 있다.

> **그러나 내가 너희에게 실상을 말하노니 내가 떠나가는 것이 너희에게 유익이라. 내가 떠나가지 아니하면 보혜사가 너희에게로 오시지 아니할 것이요 가면 내가 그를 너희에게로 보내리니.** - 요한복음 16:7

성경에 기록된 보혜사가 올 것이라는 예수의 예언이 또 다시 무함마드를 언급하는 것으로 차용되었다. 예수께서 나중에 이 예언에 대해 더 많은 말씀을 하셨다는 것을 기억하라. 예수께서는 승천하시기 전에

> **"너희는 예루살렘을 떠나지 말고 내가 전에 일러준 아버지의 약속을 기다려라. 요한은 물로 세례를 주었지만 너희는 머지않아서 성령으로 세례를 받을 것이다."** 나중에 이 약속은 오순절에 이루어졌다. 오순절이 되어 신도들이 모두 한 곳에 모여 있었는데 갑자기 하늘에서 세찬 바람소리가 들려오고 널름거리는 불길이 보이더니 성령으로 그들의 마음을 가득 채웠다. - 사도행전 2:1-4

결론

이상은 『성 꾸란(*The Noble Quran*)』에 무함마드에 관련된 것으로 인용된 모든 성경 구절이다. 여러분도 알게 되었겠지만 이 예언들은 무함마드와 관계없이 이루어졌다. 이런 사실은 성경이 변조되었다고 주장하는 이슬람 교리의 논리적 취약성을 드러낸다.

나는 모범적인 무슬림이었다. 다섯살 때부터 꾸란 암송을 시작하여 열두 살 때 꾸란을 전부 암송했다. 그리고 초등학교에서 고등학교까지 이집트의 공립학교를 가지 않고 오직 이슬람계 학교만을 다녔다. 고등학교를 졸업한 후 나는 알 아즈하르 대학에 입학했다. 이 대학은 이슬람계 대학으로서는 전 세계에서 가장 오래된 크고 권위있는 대학이었다. 나는 이 대학에서 이슬람의 역사와 문화를 전공으로 학사, 석사, 박사 학위를 받았다. 나는 대학에서 순회 강사로 일했고 이집트 카이로 외곽의 모스크에서 이맘으로 봉사하기도 했다.

나는 이슬람을 깊이 이해하고 있었음에도 불구하고 의혹이 생기기 시작했다. 대학에서 이를 눈치 챘고 그 즉시 나를 해고했다. 그날 밤 나는 이집트 비밀경찰에게 구속되어 일주일 동안 고문을 받으며 취조 당했다. 이는 이슬람에 대해 의문을 가진데 대한 댓가였고 이때부터 나는 이슬람에 등을 돌렸다.

　1년 후 한 기독교인 여성이 나에게 성경 한 권을 주었고 나는 예수의 설교 부분을 읽을 때 처음으로 예수를 만났다. 그날 밤 그분을 믿기로 결정했고 그로부터 1년 정도 이집트에서 남몰래 기독교를 믿는 생활을 해야 했다.

　결국에는 용기를 내어 아버지께 말씀드렸다. 아버지의 반응을 본 나는 이집트를 떠나야 함을 알았다. 주님께서 여러 번 내 목숨을 지켜준 기나긴 여행 끝에 나는 남아프리카에 무사히 당도했다. 기독교로 맺어진 그곳의 훌륭한 형제자매들 특히 케이프타운의 예수전도단원들은 기독교인으로서의 내 삶이 성장할 수 있도록 많이 도와주었다. 이로써 나는 유대인을 포함한 타인에 대한 증오심을 깨끗이 비워낼 수 있었다. 그래서 이제는 하나님께서 선택하신 민족인 유대인을 만날 기회가 많기를 기대하곤 한다.

　남아프리카에서 보낸 6년 동안 나는 교회에서 강연을 하기도 하고 무슬림을 전도하는 일을 도왔다. 그 지역의 무슬림들은 나를 알게 되었고 내가 하는 일에 심한 적개심을 드러냈다.

　2000년 미국에서 활동하는 기독교인 친구들이 종교적 망명자 신분으로 미국에 오라고 나를 설득했다. 그래서 나는 미국에 오게 되었고 지금 목회 활동을 하고 있다.

　이 책의 표지에 적힌 마크 A. 가브리엘이라는 이름은 어릴 적 내 이름이 아니다. 나는 새롭게 맞은 내 삶을 시작하며 무슬림 시절의 이름을 기독교식 이름으로 바꾸기로 했다.

　나는 주 예수 그리스도를 선택함으로써 내 조국 이집트를 떠나야 했다. 그리고 내 가족을 등져야 했다. 내 가족들은 나를 죽이려고 까지 했다 그리고 오랜기간 익숙해진 내 문화도 버려야 했다. 이슬람의 '교수' 라는 내 직업도 포기해야 했다.

이 모든 것들이 쉽지만은 않았지만 내 결심은 확고했다. 내 삶에 예수가 있다면 나는 모든 것을 가지고 있는 것이지만 내가 예수를 잃는 다면 나는 모든 것을 잃는 것이기 때문이다.

> **사람이 만일 온 천하를 얻고도 제 목숨을 잃으면 무엇이 유익하리요 사람이 무엇을 주고 제 목숨과 바꾸겠느냐.** - 마태복음 16:26

> **또 내 이름을 위하여 집이나 형제나 자매나 부모나 자식이나 전토를 버린 자마다 여러 배를 받고 또 영생을 상속하리라.** - 마태복음 19:29

이슬람 바로 알기 ①

무슬림의 시각으로 바라본 이슬람 지침서
  이슬람과 유대인 – 그 끝나지 않은 전쟁

지은이 | 마크 A. 가브리엘
만든이 | 하경숙
만든곳 | 글마당

(등록 제02-1-253호, 1995. 6. 23)
만든날 | 2009년 3월 15일 1쇄 발행
펴낸날 | 2014년 9월 27일 개정3쇄

주소 | 서울 강남우체국사서함 1253호
전화 | (02) 451-1227
팩스 | (02) 6280-9003

홈페이지 | www.gulmadang.com / 글마당.com
페 북 | www.facebook/gulmadang
E-mail | 12him@naver.com

값 14,000원

ISBN 978-89-87669-98-4 (03340)